ビジュアル版

一冊でつかむ地政学

監修 祝田秀全

河出書房新社

はじめに

最近、きな臭いニュースがしきりに流れてきます。

イスラエルがパレスチナのガザ地区で激しい攻撃を行い、3万5000人以上が死亡。ロシアによるウクライナへの軍事侵攻が続き、泥沼状態に。北朝鮮が日本海に向けて弾道ミサイルを発射。中国の習近平(しゅうきんぺい)国家主席が2027年までに台湾侵攻の準備を整えるよう指示。中国海警局の船が尖閣諸島の沖合で日本の領海に侵入——。

グローバル化が進み、世界がどんどん縮小している時代において、こうした出来事は、対岸の火事として見逃すことはできません。われわれ日本人の生活にも大なり小なり影響してくるため、国際情勢の背景を理解しておく必要があります。それを知る手掛かりになるのが、本書で紹介する地政学です。

地政学とは、各国の地理的条件をもとに国際情勢を分析しようとする学問です。国の指導者や政治体制は変わることがありますが、地理が変わることはありません。そのため、海洋国家なら海洋国家なりの、大陸国家なら大陸国家なりの一貫した行動パターンや考え方が出てきます。それを、地政学を用いることによって理解しようとするのです。

地政学は19世紀末から20世紀前半に欧米を中心に盛んになりました。第二次世界大戦ではドイツのヒトラーや日本の軍部に侵略の根拠として悪用されたため、戦後しばらくはタブーとされていましたが、東西冷戦末期頃からその重要性が改めて見直されていきます。そして21世紀に入り、世界が激変するなかで、地政学を用いた分析が大流行することになりました。

地政学は歴史的には軍事戦略に使われてきた学問です。しかし、国際政治や経済で各国がどのような振る舞いをとるか、という視点でとらえる際にも大いに役立ちます。地政学を知っていると、国際ニュースを見聞きしたとき、その関係国の置かれた状況や行為の意図、先々の展開などをイメージしやすくなるのです。

本書は、主に昨今の時事問題を地政学の視点から解説したものです。地図や相関図などを使いながら、世界各地で起こっている出来事をわかりやすく読み解いていきます。本書が、この激動の時代を生きるヒントになれば幸いです。

もくじ

Chapter 2 南北アメリカの地政学

Chapter 4 中東の地政学

Chapter 5 日本の地政学

● 主な参考文献

『現代地政学 国際関係地図』パスカル・ボニファス　佐藤絵里訳（ディスカヴァー・トゥエンティワン）
『マッキンダーの地政学』H・J・マッキンダー　増村保信訳（原書房）
『13 歳からの地政学：カイゾクとの地球儀航海』田中孝幸（東洋経済新報社）
『地政学で読む世界覇権 2030』P・ゼイハン著 木村高子訳（東洋経済新報社）
『世界史で学べ！地政学』茂木誠（祥伝社）
『教養としての「地政学」入門』出口治明（日経 BP）
『武器としてのエネルギー地政学』岩瀬昇（ビジネス社）
『新・地政学：「第三次世界大戦」を読み解く』山内昌之・佐藤優（中央公論新社）
『いちばんやさしい地経学の本』沢辺有司（彩図社）
『地政学でよくわかる！世界の紛争・戦争・経済史』神野正史（コスミック出版）

● 写真提供

アフロ、Shutterstock、PIXTA
P39：The Russian Presidential Press and Information Office
P43：ZUMA Press/アフロ
P60下：アメリカ合衆国国防長官
P70左上：ロイター/アフロ
P70下：新華社/アフロ
P92、97上：ロイター/アフロ
P109：ロイター/アフロ

Introduction

地政学の基礎知識

ランドパワー、シーパワー、ハートランド、リムランド……。
一見、難解そうな地政学ですが、
いくつかのキーワードを知るだけでスッと頭に入ってきます。
各国の地政学的な基本戦略と合わせて押さえておきましょう。

地政学で何がわかるのか？

地政学は各国の地理に注目し、軍事、外交、経済などのあり方を分析する

要点解説！

各国のおかれた地理は、そうそう変化することがありません。そこで地政学では、地理的条件をもとに国際情勢を分析し、国家戦略に活かします。

つまりは「地理の政治学」

地政学は英語で「geopolitics」。「geo（地球・土地）」と「politics（政治）」を融合した名前から、「地理の政治学」ともいわれます。

世界地図を広げてみると、国と国との位置関係や、四方を海に囲まれている、山脈が人的交流を妨げているといった各国の特徴がわかります。そうした地理的条件は、政治・経済・軍事などと異なり、簡単に変化しません。そこで地理から国際情勢を分析しようとする動きが生まれ、地政学という学問が形成されたのです。

地政学的な視点をもてば、なぜ中国が台湾を併合しようとしているのか、ロシアがウクライナに侵攻した理由は何か、アメリカと中国が対立するのはどうしてか、といったことが理解しやすくなります。今の混沌とした時代に、地政学がもてはやされるのはそうした理由からです。

ドイツのナチ党も利用した

地政学は19世紀末頃から形成されはじめました。列強による植民地獲得競争が激化していた当時、アメリカの軍人マハンらが地政学の理論を組み立てていきました。一方、ドイツでは地理学者ラッツェルらによって「国家は隣接国と生存をかけて争う有機体である」という考え方がなされ、そうした地政学がナチ党の侵略の根拠になってしまいます。

日本でもドイツ系の地政学が第二次世界大戦（太平洋戦争）に用いられていました。そのため終戦直後の日本では、GHQ（連合国最高司令官総司令部）が地政学の研究を禁じています。

しかし、地政学は東西冷戦末期頃から再び注目されはじめます。そして2001年のアメリカ同時多発テロを機に、激動の時代を読み解くツールとして再評価されるようになったのです。

地政学の代表的学者と展開

アメリカ・イギリス系　　ドイツ系

19世紀末〜20世紀初頭

アルフレッド・マハン
（1840〜1914）
アメリカの軍人。ランドパワー・シーパワーという地政学の基本概念を提唱。覇権国家になるためにはシーパワーの拡大が重要だと説いた

フリードリヒ・ラッツェル
（1844〜1904）
ドイツの地理学者で、ドイツ系の地政学の先駆者。生物と同じく、国家も生存をかけて隣接国と競い合う有機体であると説いた

20世紀前半

ハルフォード・マッキンダー
（1861〜1947）
イギリスの地理学者。ロシア（ソ連）やドイツなどのランドパワーの脅威を説く。イギリスにハートランド（ロシア）を警戒すべきと主張

ルドルフ・チェレーン
（1864〜1922）
スウェーデンの政治学者。「地政学」という学問の名付け親。ラッツェルの弟子で、国家有機体説を継承した

ニコラス・スパイクマン
（1893〜1943）
アメリカの国際政治学者。リムランドの理論を提唱。「リムランドを制する者が世界を制する」と主張し、陸の地政学を確立

カール・ハウスホーファー
（1869〜1946）
ドイツの軍人、地理学者。チェレーンの国家有機体説を発展させ、生存権を確保するために軍事拡張を図るべきと主張した

ヒトラー率いるナチ党が利用。日本の軍事政策にも影響を与える

第二次世界大戦後、地政学（ドイツ系）は「禁じられた学問」とされてしまう

20世紀後半

東西冷戦末期頃から地政学が再び注目されはじめ、アメリカ同時多発テロを経て、激動の時代を読み解くツールとして再評価されるようになる

地政学のキーワード

ランドパワーとシーパワーがリムランドで衝突――。押さえておきたい重要な概念・用語

要点解説！

地政学の最も基本的な概念がランドパワーとシーパワー。ユーラシア大陸の中心をハートランドといい、その周縁をリムランドといいます。

ランドパワーとシーパワーが激突する

地政学の考え方を理解するためには、この学問独特の概念、用語を押さえておかなければなりません。そのうち最も重要なものがランドパワーとシーパワーです。

ランドパワーとは陸軍力に加え、陸上輸送の能力や資源の埋蔵地などを含めた力で、陸上を支配する力と解釈することができます。中国やロシア、ドイツ、フランスのような大陸国家がランドパワーの国に分類され、「攻めは最大の防御」とばかりに、領土拡張志向が強い傾向にあります。

一方、シーパワーとは海を支配する力です。海軍力を背景に海上輸送ルートや海外拠点を確保し、海洋支配による覇権を志向します。現在の覇権国アメリカをはじめ、かつて覇権を握っていたイギリス、スペイン、ポルトガル、そして日本などがシーパワーの国に分類されます。

ランドパワーとシーパワーは衝突しやすく、現在もシーパワーのアメリカとランドパワーの中国やロシアが対立しています。

なお、ランドパワーとシーパワーを両立することは極めて困難とされています。莫大な軍事費が必要になるからです。ただし、最近の中国は海洋進出を積極化してシーパワーの拡大を図り、ランドパワーとの両立を目指しているといわれています。

ハートランドは「世界の中心」

地球最大の大陸で、総人口の約7割を抱えるユーラシア大陸。この大陸の中心をハートランドといいます。具体的にはロシアや東欧、中央アジア一帯あたりを指し、ランドパワーによって支配される場所です。

ハートランドを外から征服するのは容易では

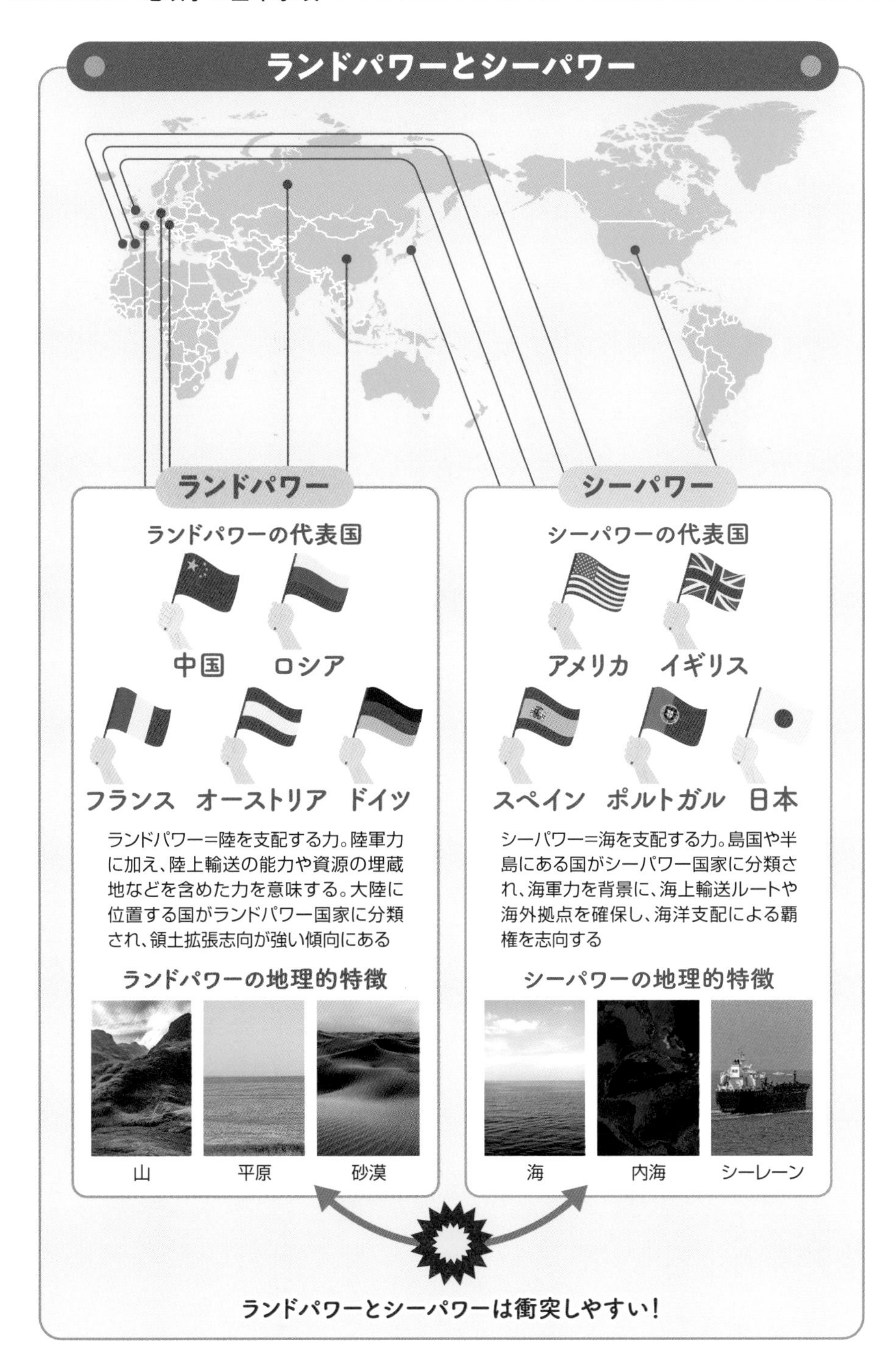
ランドパワーとシーパワー
ランドパワー
ランドパワーの代表国
中国
ロシア
フランス
オーストリア
ドイツ
ランドパワー＝陸を支配する力。陸軍力に加え、陸上輸送の能力や資源の埋蔵地などを含めた力を意味する。大陸に位置する国がランドパワー国家に分類され、領土拡張志向が強い傾向にある
ランドパワーの地理的特徴
山
平原
砂漠
シーパワー
シーパワーの代表国
アメリカ
イギリス
スペイン
ポルトガル
日本
シーパワー＝海を支配する力。島国や半島にある国がシーパワー国家に分類され、海軍力を背景に、海上輸送ルートや海外拠点を確保し、海洋支配による覇権を志向する
シーパワーの地理的特徴
海
内海
シーレーン
ランドパワーとシーパワーは衝突しやすい！

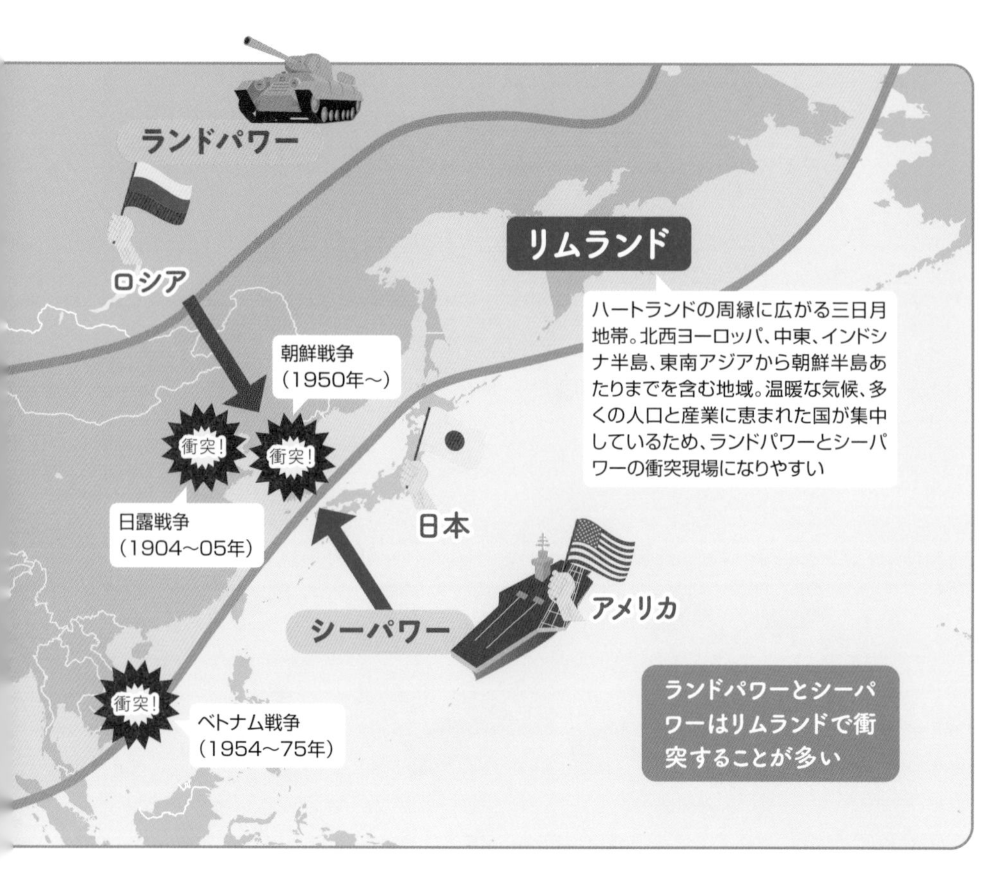

ありません。背後にはほぼ一年中凍っている北極海が控えており、海から攻めるのは困難。陸地はあまりにも広く、冬の寒さは格別です。かつてはナポレオンやドイツのナチ党がここに入り込みすぎたせいで、ロシア（ソ連）に手痛い敗北を喫しました。

そこから、イギリスの地理学者マッキンダーは「ハートランドを支配する者が世界島（ユーラシア大陸とアフリカ大陸）を制し、世界島を支配する者が世界を支配する」というハートランド理論を発表しています。

戦争が起こりやすいリムランド

ハートランドの周縁には、リムランド（リム＝rim（縁））という三日月地帯が広がっています。これは、マッキンダーの理論を発展させたアメリカの国際政治学者スパイクマンによる概念です。

北西ヨーロッパ、中東、インドシナ半島、東南アジアから朝鮮半島あたりまでを含む地域がリムランドに該当し、シーパワーの支配下に置かれることが多いです。また温暖な気候、多く

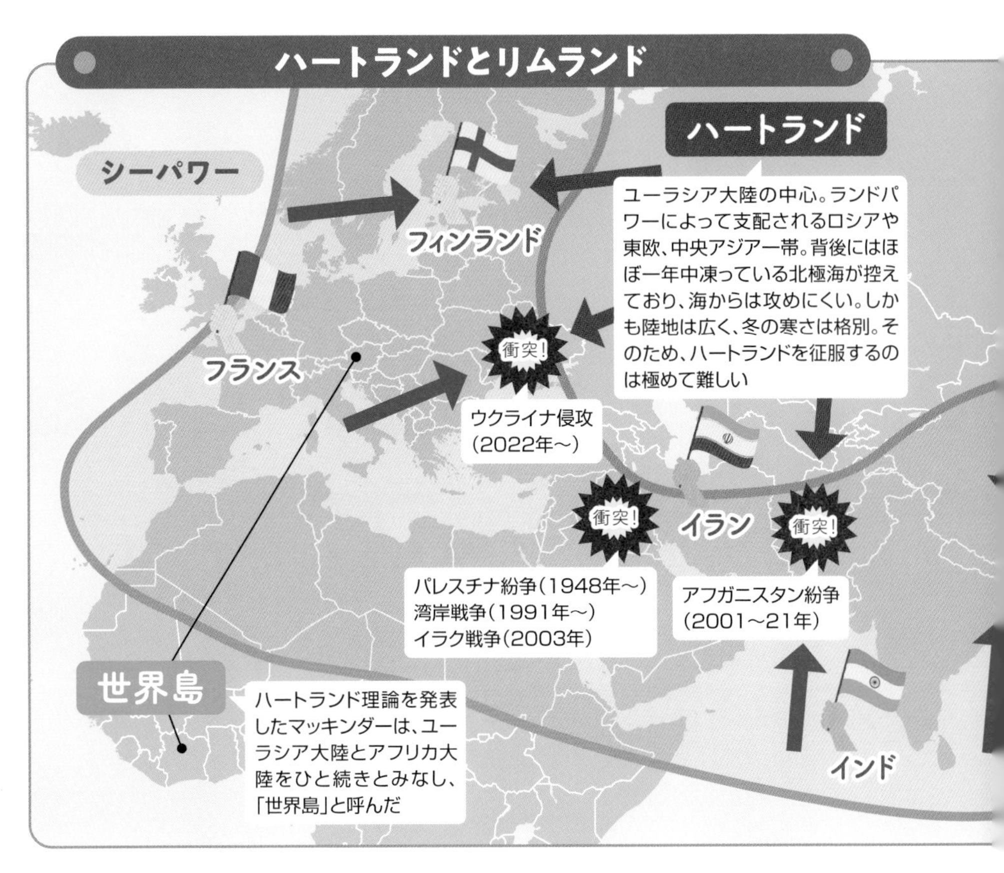

の人口と産業に恵まれた国が集中しているため、ハートランドから進出してきたランドパワーと周辺のシーパワーの衝突現場となりがちです。

実際、日露戦争や朝鮮戦争、ベトナム戦争、アフガニスタン戦争、イラク戦争などは、いずれもリムランドで2つのパワーがぶつかり合った戦争でした。スパイクマンも「リムランドはランドパワーとシーパワーがせめぎ合う場所で、そのために紛争が絶えない」と述べています。

緩衝地帯の重要な役割

リムランドでは、2つの国が直接国境を接しないよう、緩衝地帯（バッファゾーン）が設けられることがあります。

たとえば、朝鮮半島はロシア・中国とアメリカの緩衝地帯となっています。2022年にロシアが侵攻したウクライナも、西側諸国とロシアの緩衝地帯として機能していました。そのウクライナがNATO（北大西洋条約機構）への加盟を希望するなど西側寄りの姿勢を明確にしたため、緩衝地帯を失うことを恐れたロシアが攻撃したとされています。

これらの事例からわかるように、緩衝地帯も紛争の舞台になりやすい傾向があります。

シーレーンは命綱

海上において戦略的に重要な交通路をシーレーンといい、これを押さえることによってシーパワーを拡大することができます。陸を支配する場合、領土全体を「面」で押さえる必要がありますが、海を支配する場合、「線と点」を押さえるだけでよいため、陸を支配するより容易です。その線に当たるのがシーレーンです。

代表的なシーレーンとしては、中東からインド洋、南シナ海、東シナ海を経て日本へと至るルートが挙げられます。このシーレーンは石油タンカーの航路となっており、寸断されてしまうと日本経済が大打撃を受けます。

その意味で、海洋進出を強め、南シナ海を支配しようとしている中国の動きは日本の安全保障にとって大きな脅威となっています。

「点」を押さえて窒息させる

海を支配する際に抑えの必要な「線と点」。

海上支配の要衝

「線」がシーレーンならば、「点」はチョークポイントです。チョーク（choke）とは「窒息させる」という意味。したがってチョークポイントは、押さえることによって「相手を軍事・経済的に苦しめられる場所」となります。

たとえば、地中海から紅海を経て北インド洋に至るスエズ運河や、中米において太平洋と大西洋を結ぶパナマ運河などがよく知られたチョークポイントです。

先に挙げた中東から日本へつながるシーレーンの場合、船舶は多くのチョークポイントを通過します。中東の産油国が面するペルシア湾とオマーン湾の間に位置するホルムズ海峡、マレー半島とスマトラ島の間にあるマラッカ海峡、台湾とフィリピンのバターン諸島の間を抜けるバシー海峡です。

世界的に重要なチョークポイントは十数ヶ所とされ、世界のシーレーンを押さえるためには、海全体を支配するのではなく、チョークポイントを確保すればよいことになります。

シーパワーの国にとって、チョークポイントは軍事・経済に極めて重要な場所なのです。

大国の戦略❶ アメリカ

現在の世界覇権国であるアメリカは、3大地域戦略を中心に監視の目を光らせる

要点解説！

「世界の警察官」の役割を長く担ってきたアメリカは、広大なユーラシア大陸を3つに分けて秩序の維持にあたっています。

❶アジア
中国や北朝鮮などの大きな不安定要素があるため、3大戦略地域のなかでもとくに重視している

中国

軍事・経済力を拡大し、台湾や南シナ海で威圧行為を繰り返す

グアム

太平洋

アメリカはアジア、中東、ヨーロッパを3大戦略地域として応対している

アメリカは「巨大な島国」

現在、世界の覇権を握っているのはアメリカです。陸・海・空軍、海兵隊などから成る強力で実戦経験豊富な軍をもち、各地に基地、各海域に艦隊を配置することにより世界の動向を監視しています。

そのアメリカを地政学的にみると、国土の多くを海に囲まれた「巨大な島国」と理解され、イギリスなどと同じシーパワーの国に分類されます。周囲に敵対する強国が存在せず、島国ゆえ他国から侵略されにくい地理的利点を有するために海外へと出て行きやすく、19世紀末頃から積極的に海洋進出を図ってきました。

覇権の座についたのは、二度の世界大戦の後のことです。激戦によりヨーロッパ諸国が疲弊するなかで超大国となったアメリカは、東西冷戦下でライバルのソ連に対抗するために軍事力

を高めていきました。そして１９９１年にソ連が崩壊すると、唯一の超大国として積極的に各地の紛争に介入し、国際秩序を保つべく動くようになったのです。このような役割を「世界の警察官」といいます。

アメリカが重視する３つの地域

世界の警察官となったアメリカは、国際秩序を自国の都合のよい形にし、覇権を維持するため、とくに３つの地域に目を光らせる戦略をとってきました。その３つとはアジア、中東、ヨーロッパの３大戦略地域です。

３つの地域のうち、２０１０年頃までは産油国の多い中東を重視していました。しかし近年、アメリカでシェールオイルが採れるようになり、中東の優先度が低下。現在は海洋進出を活発化してアジア太平洋地域を不安定にしている中国を警戒し、アジア重視へとシフトしています。

ウクライナ危機で揺れるヨーロッパも注視していますが、２０２４年の大統領選の結果によってはウクライナへの支援も変わってくる可能性があります。

大国の戦略② 中国

ランドパワーとシーパワーを両立できるか？ 覇権を狙う中国の海洋進出

中国

要点解説！

中国はランドパワーの国ですが、積極的に海洋進出を図ることによって、シーパワーの拡大を目指しています。

陸だけでなく海も支配する

圧倒的な力を誇る現在の覇権国アメリカ。その覇権の座に挑戦しようとしているのが、世界第2位の経済大国となった中国です。

シーパワーのアメリカに対し、中国はランドパワー。広大な国土と人口をもち、独裁体制の下で軍事力を強化して大国化しました。

その中国の地政学的戦略は海洋進出です。ランドパワーの国ですが、陸とともに海でも勢力を拡大し、シーパワーを新たに獲得しようというのです。もっとも歴史上、ランドパワーとシーパワーを両立した国はありません。その偉業に、中国はトライしようとしています。

一方的に引いた軍事的防衛ライン

では、どのように海洋進出を図っているのかというと、海洋上に軍事的防衛ラインを独自に設定し、勢力圏を確保しようとしています。

具体的には九州南部から沖縄、尖閣諸島、台湾から南シナ海に至る第一列島線と、日本の房総半島あたりから、小笠原諸島、グアム、サイパン、パプアニューギニアに至る第二列島線を設定。ラインの内側の制海権を握ってアメリカ海軍を閉め出し、海を支配していきます。

中国は当初、2010年までに第一列島線、2020年までに第二列島線の制海権を確保することを掲げていましたが、現状、第一列島線内の支配さえも達成できていません。しかし、尖閣諸島（P120参照）、台湾（P36参照）、南シナ海（P38参照）での威嚇（いかく）行為などにみられるように、〝その日〟のための準備を着々と続けています。

中国は建国100周年の2049年にアメリカと対等の海軍力を保有することを目標にしているとされており、先行きが注目されます。

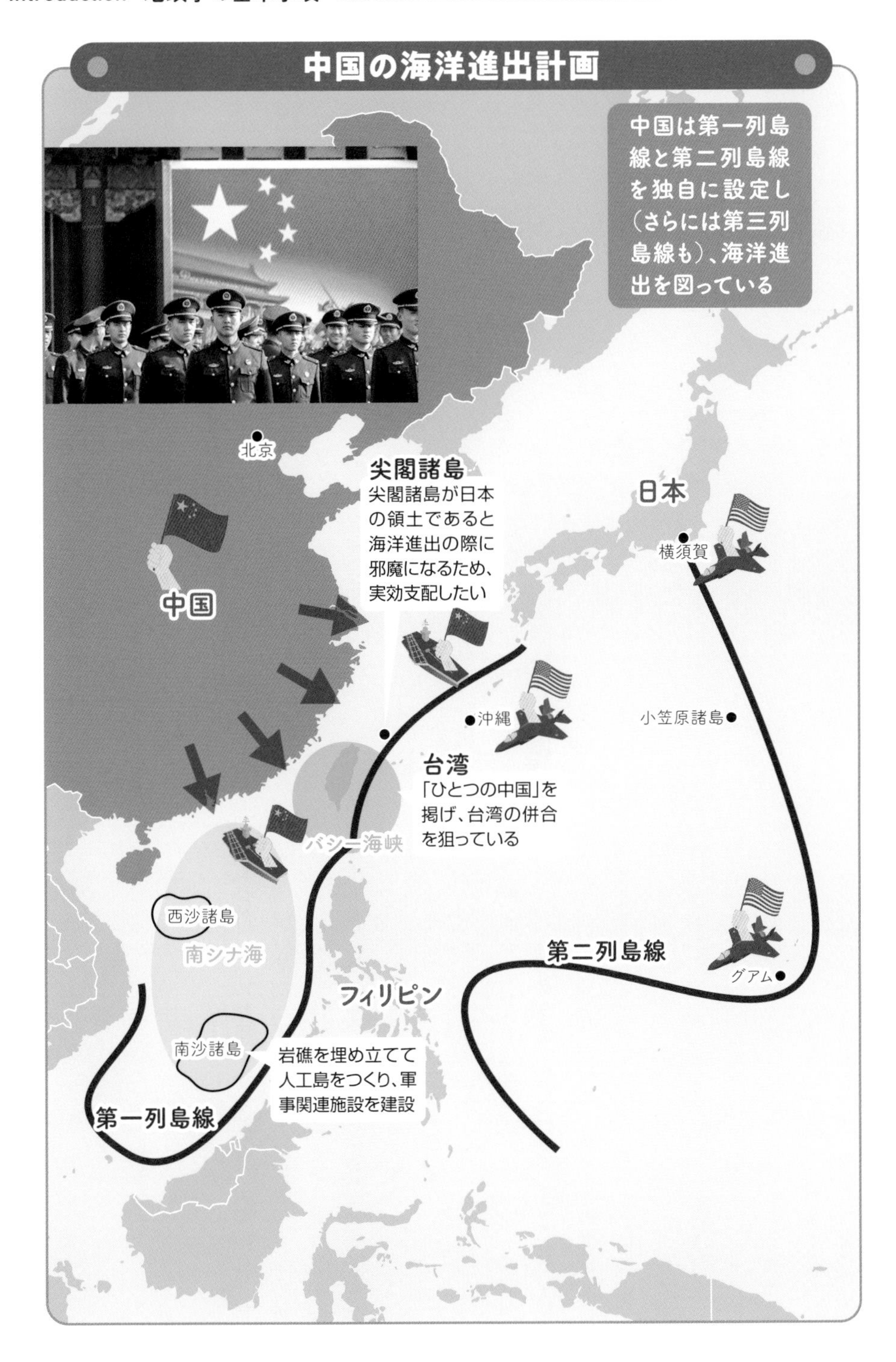
中国の海洋進出計画
中国は第一列島線と第二列島線を独自に設定し（さらには第三列島線も）、海洋進出を図っている
北京
尖閣諸島
尖閣諸島が日本の領土であると海洋進出の際に邪魔になるため、実効支配したい
日本
横須賀
中国
沖縄
小笠原諸島
台湾
「ひとつの中国」を掲げ、台湾の併合を狙っている
バシー海峡
西沙諸島
南シナ海
第二列島線
グアム
フィリピン
南沙諸島
岩礁を埋め立てて人工島をつくり、軍事関連施設を建設
第一列島線

大国の戦略③ ロシア

不凍港を目指して南に下り、緩衝地帯をつくりたがる北の大国

要点解説！

ロシアが歴史的に欲してきたのは不凍港。冬でも凍らない港を求め、南に下っていくのが基本戦略です。

領土拡大がランドパワー国の生きる道

ロシアは現在、ウクライナ侵攻で国際的に孤立しています。アメリカと肩を並べていたソ連時代の面影はもはやなく、今後の政治・経済上の立場も苦しくなることが確実ですが、近代以降は常に大国のひとつとして君臨してきました。

ロシアはユーラシア大陸のハートランドにあり、広大な国土をもつランドパワーです。ランドパワーの国の場合、領土を広げることが自国の防衛にもつながるため、陸続きの周辺国を次々に支配下に置き、領土を拡大していきます。ロシアもその傾向が強く、今見るような世界最大の面積を誇る国になりました。

地政学的な外交戦略は、南下政策が基本です。ロシアの国土の大部分を占めるハートランドはユーラシア大陸の奥地に位置し、寒さも厳しいことから、敵の侵略を受けにくい難攻不落の場

所です。しかしながら、冬には海が凍りつき、使用可能な港がなくなってしまいます。そのためロシアは、冬でも使える不凍港を求めて南下するようになったのです。

緩衝地帯を欲しがる傾向も

ロシアは勢力拡大のために、主に5つのルートを使ってきました。バルト海へつながるバルト海ルート、幹線道路や鉄道を用いるヨーロッパ陸路ルート、穀物輸送などを行う黒海ルート、カスピ海からイラン、インドを経てインド洋へ向かうアフガニスタン・インドルート、日本の脅威となってきた極東のシベリア・ウラジオストクルートです。さらに近年、地球温暖化で出現した北極海ルートも注目されています。

また、ロシアは緩衝地帯（バッファゾーン）をつくりたがる傾向もみられます。西部の国境に平原が多く、侵略されやすいからです。

2022年のウクライナ侵攻も、それまで緩衝地帯とみなしていたウクライナが親欧米に傾き、緩衝地帯を失うことを懸念したために起こったとされています。

大国の戦略④ インド

中国やパキスタンと陸で対立し、中国とは海でも対立するアジアの新興大国

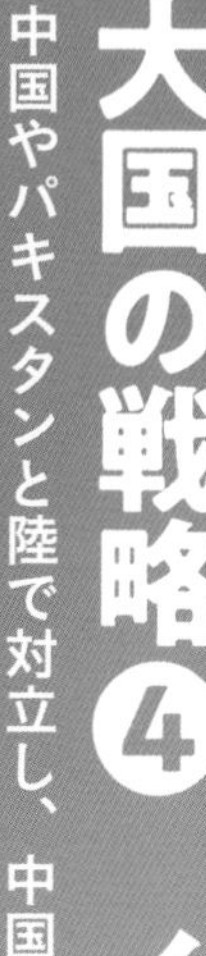

インド

要点解説！

中国、パキスタンなど、周辺に対立国が多いインド。海と陸に火種を抱えつつも、バランス感覚をもった外交を繰り広げるのが特徴的な戦略です。

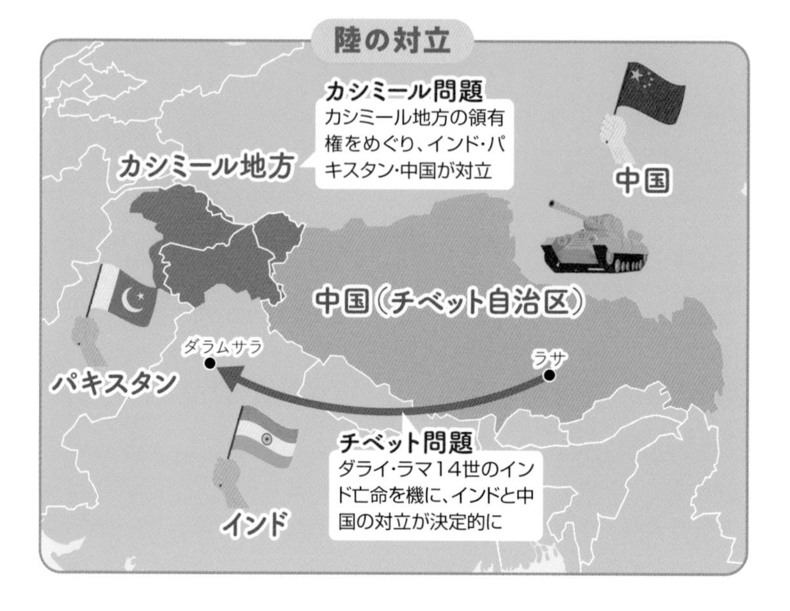

人口とGDPで世界上位

インドは中国に次ぐ新興勢力です。2023年に世界一の人口大国となり、GDP（国内総生産）も世界第5位。〝伸び代〟も十分あるため、中国とともに今後の世界を牽引するとみられています。

地政学的にはユーラシア大陸の周縁、すなわちリムランドに位置しています。中国と隣り合っていますが、その間にはヒマラヤ山脈とチベット高原という自然の障壁が存在するため文化圏が異なり、近代以前は衝突することもありませんでした。しかし第二次世界大戦後、両国は対立を深めていきます。

中国は1951年にインドとの緩衝地帯（バッファゾーン）となっていたチベットを併合。その後、チベット仏教の最高指導者ダライ・ラマ14世がインドに亡命したことを機に国境紛

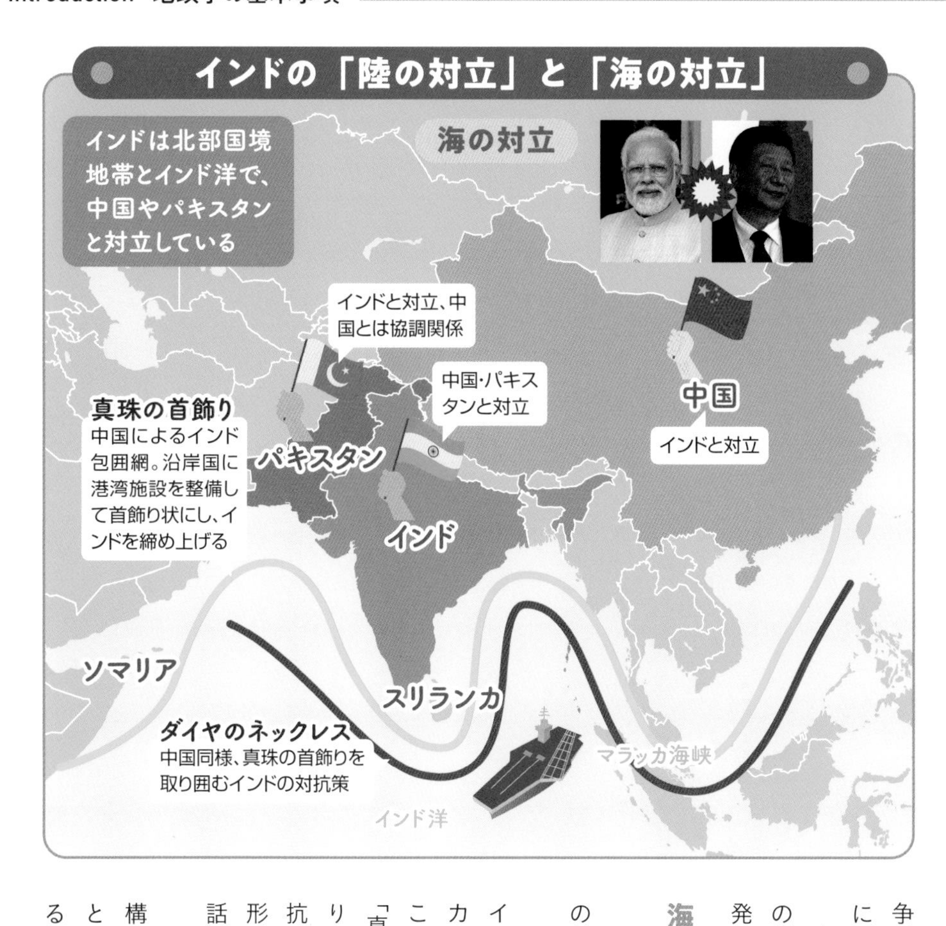

争が勃発し、1962年には大規模な武力衝突に至りました。

さらにインドはパキスタンとカシミール地方の領有権をめぐって対立し、一時は核兵器の開発競争を繰り広げたこともありました。

海でも中国と対立している

こうした「陸の対立」のほかに、近年は「海の対立」が深刻化しています。

一帯一路構想（P34参照）を進める中国は、インド洋のシーレーンを確保すべく、スリランカやパキスタン、ミャンマーなどに港を整備。このインドを取り囲み、締め上げるような戦略「真珠の首飾り」に対し、インドは真珠の首飾りを取り囲む戦略「ダイヤのネックレス」で対抗。さらに日本、アメリカ、オーストラリアと形成する戦略的同盟Quad（クアッド）（日米豪印戦略対話）に参画しています。

一方で、ロシアと中国が主導する上海協力機構の一員であったり、中国を重要な貿易相手国とみなすなど、バランス感覚をもった立ち居振る舞いをするのがインドの基本スタンスです。

日本

大国に対する戦略　日本

アメリカと中国に翻弄される日本。この先、どのように振る舞えばよいのか？

要点解説！

中国、ロシアという２つの巨大なランドパワー国家から圧力を受ける日本は、アメリカをはじめとするシーパワーと連携をとって対抗していきます。

バランス・オブ・パワー

四方を海に囲まれた島国の日本は、地政学ではシーパワーの国に分類されます。その日本と海を隔てて隣接する中国は、ランドパワーの大国です。近年は海洋進出に躍起となり、シーパワーをも得ようとしています。

日本は尖閣諸島問題などで中国に圧迫されていますが、アメリカと組んで対抗しています。

そもそも日本とアメリカは、巨大な太平洋を挟んだ隣国で、政治的・経済的に深い関係にあります。もちろん中国とも経済的な結びつきが強く、完全に敵視することはできませんが、日本の基本的な外交スタンスはアメリカ重視です。

アメリカもアジア戦略において日本を最重要パートナーとみなし、バランス・オブ・パワー（勢力均衡）という戦略で中国を抑え込もうとしています。バランス・オブ・パワーとは、覇権国が3位以下の国と協力してナンバー2の国を抑える戦略。具体的には、日米同盟をより強固にして中国に対抗しようというものです。

多くの国と同盟を結ぶ

ただし、2ヶ国だけでは十分ではなく、より多くの国との同盟締結が図られています。たとえば２００７年に第１次政権時代の安倍晋三首相によって提唱され、日本・アメリカ・オーストラリア・インドの４ヶ国から成るＱｕａｄ（日米豪印戦略対話）が挙げられます。インド太平洋地域の平和、安定、繁栄のため、経済と安全保障の両面で連携することを目的に協議を行い、実現に向けて協力していきます。

とはいえ、日本とアメリカの関係がいつまで続くのかは定かではありません。見捨てられたときのために、善後索を準備しておくことが必要です。

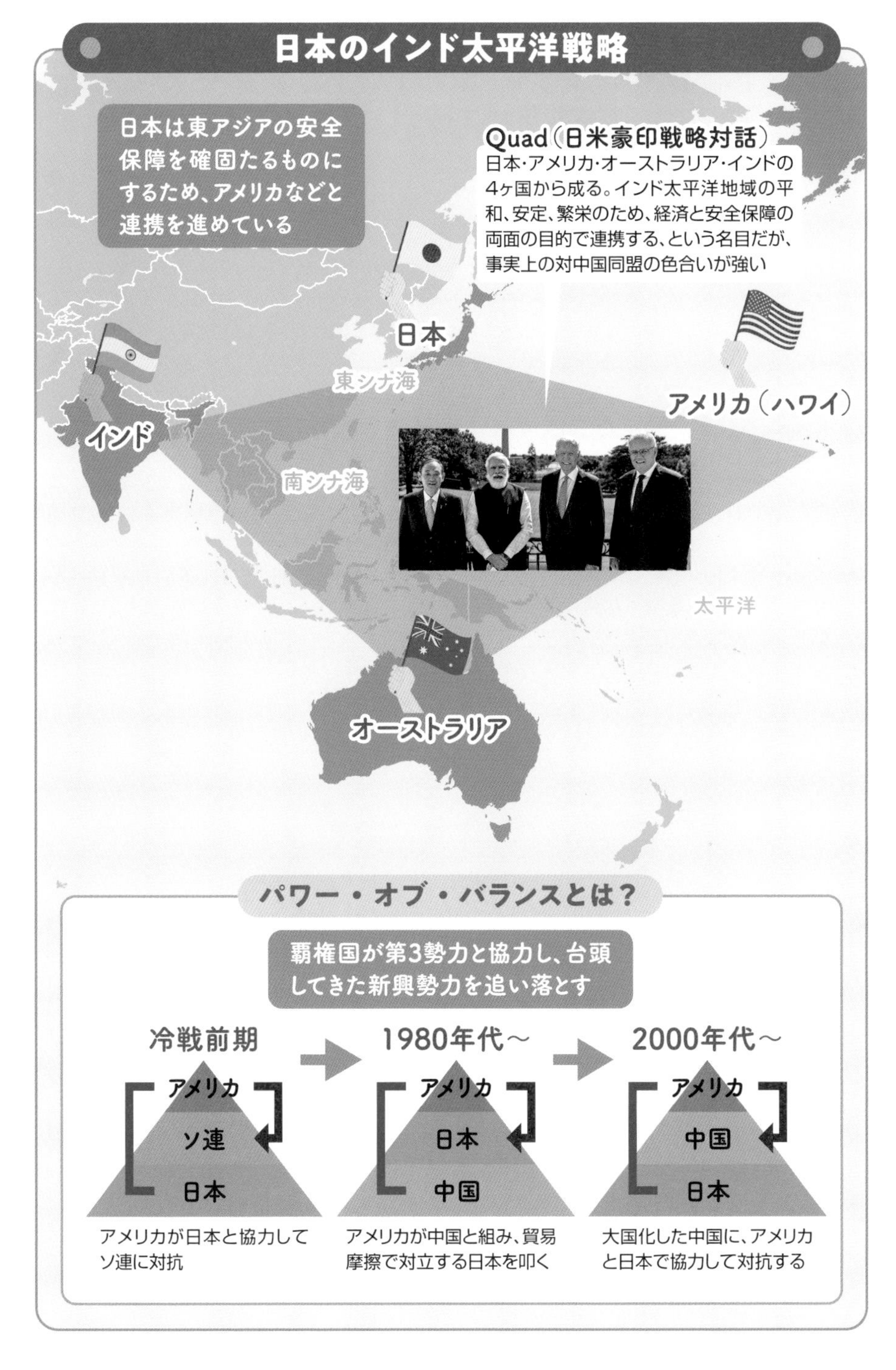
日本のインド太平洋戦略
日本は東アジアの安全保障を確固たるものにするため、アメリカなどと連携を進めている
Quad（日米豪印戦略対話）
日本・アメリカ・オーストラリア・インドの4ヶ国から成る。インド太平洋地域の平和、安定、繁栄のため、経済と安全保障の両面の目的で連携する、という名目だが、事実上の対中国同盟の色合いが強い
日本
東シナ海
インド
アメリカ（ハワイ）
南シナ海
太平洋
オーストラリア
パワー・オブ・バランスとは？
覇権国が第3勢力と協力し、台頭してきた新興勢力を追い落とす
冷戦前期
アメリカ
ソ連
日本
アメリカが日本と協力してソ連に対抗
1980年代～
アメリカ
日本
中国
アメリカが中国と組み、貿易摩擦で対立する日本を叩く
2000年代～
アメリカ
中国
日本
大国化した中国に、アメリカと日本で協力して対抗する

column 地政学 過去と未来

ランドパワーとシーパワーは覇権の座をめぐり、攻防を繰り返してきた

世界史を地政学の観点から見渡すと、ランドパワーとシーパワーの潮流の変化がわかります。

史上初の覇権国は、紀元前4世紀の古代ギリシア・マケドニアのアレクサンドロス大王による帝国。この帝国はランドパワーで、大王の東方遠征により巨大な版図を築きました。2世紀に最大版図を確立したローマ帝国もランドパワーでしたが、地中海を内海化することでシーパワーに変貌し、海と陸の支配の両立を目指します。ところが、無理な拡張路線をとったことで衰退が早まりました。

中世、13世紀後半にユーラシア大陸の東西にわたる史上最も広大な領土を有したモンゴル帝国も基本的にはランドパワーです。このあたりまで、世界はランドパワーを中心に回っていました。

その後、15世紀に大航海時代がはじまると、航海術を発達させたポルトガル、スペインなどが海外で植民地を拡大し、覇権国になっていきます。いずれもシーパワーの勢力です。さらに19世紀初頭からの100年間は、世界中に植民地を築いたシーパワーの大英帝国が覇権の座に君臨しました。

やがて19世紀後半から鉄道の発達で輸送力が高まると、ランドパワーのロシアとドイツが国力を増し、対外拡張を開始。しかし、二度の世界大戦を経た20世紀半ばには、シーパワーのアメリカが世界の覇権国となりました。

現在もアメリカの覇権が続いていますが、ランドパワーの中国がシーパワーも兼ね備えた大国として覇権を奪取しようとしています。

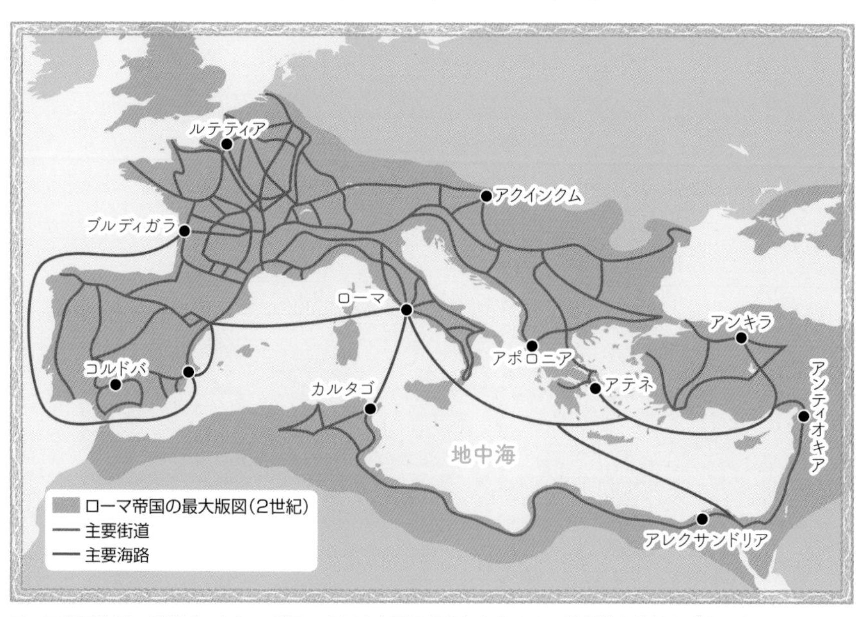

ローマ帝国はランドパワーとシーパワーの両立を図ろうとしたものの、結果的に失敗に終わった

Chapter 1

アジアの地政学

今や世界は「アジアの時代」といわれます。
その中核となっているのが中国。中国の動きが東南アジア、
朝鮮半島、インドなどに波及します。
中国を中心とするアジアの動向を見てみましょう。

写真・地図でわかる！

Chapter 1

アジアの地政学

中国の巨大経済圏構想

陸の道と海の道から成る一帯一路の沿線上に、巨大な経済圏を構築しようとしている中国ですが、ここにきてさまざまな問題が顕在化してきています（▶P34）

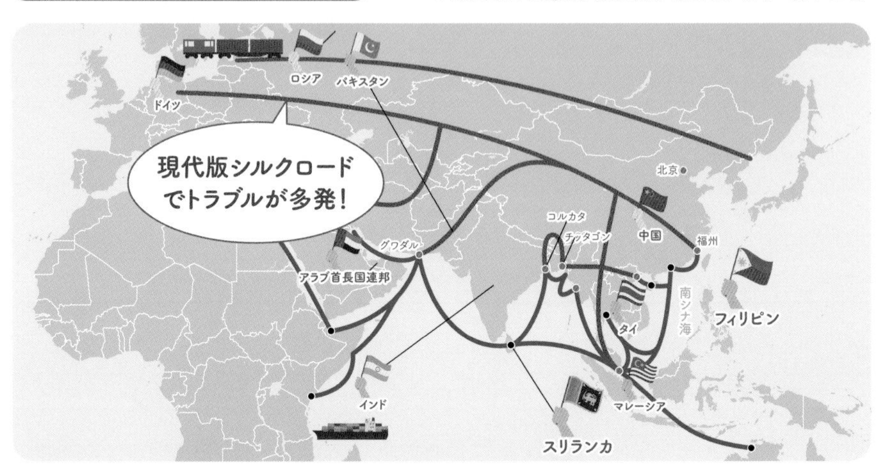

中国が狙う台湾の軍事制圧

中国政府が悲願とする台湾併合。その背景には、海洋進出を優位に進めたいという思惑がありました（▶P36）

米中貿易摩擦で激化した半導体戦争

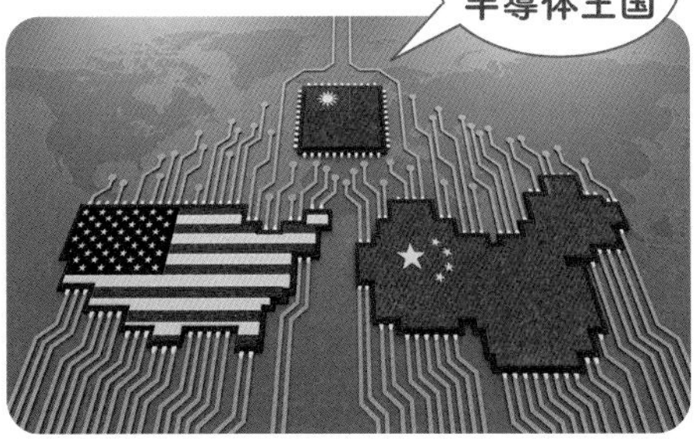

台湾で有事が起こった場合、半導体の供給が途絶え、世界経済が大混乱に陥ります。台湾をめぐる米中対立は半導体をめぐる対立でもあります（▶P40）

エスカレートする南シナ海問題

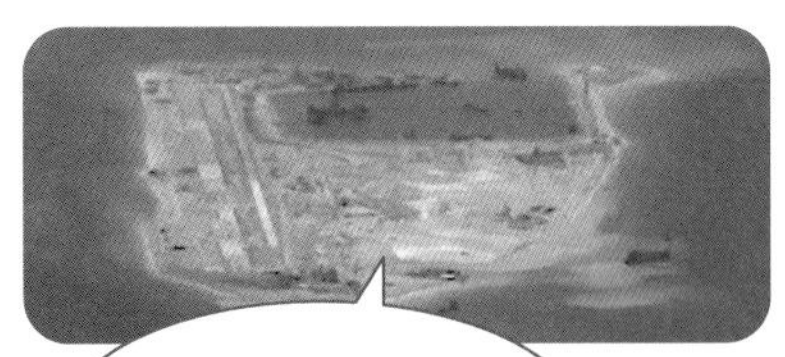

中国の海洋進出は南シナ海にも及んでいます。人工島に軍事施設を築くなど横暴を極める中国に対し、フィリピンやベトナムなどが反発を強めています（▶P38）

ミサイルを乱発する北朝鮮の言い分

核開発や度重なるミサイル発射で国際社会を混乱に陥れる北朝鮮。理解しがたいその行為は、孤立化にともなう自衛手段ともいわれています（▶P42）

グローバルサウスの台頭とインド

先進国は北半球に多いとされていますが、南半球にも経済成長の可能性を秘めた有望国が多くあります。そのリーダー格としてインドに期待が集まっています（▶P46）

■地政学で見るアジア

ロシア
緩衝地帯
ランドパワーの中国・ロシアとシーパワーのアメリカの緩衝地帯。韓国と北朝鮮が敵対関係にある
北朝鮮
韓国
日本
太平洋
尖閣諸島
台湾
中国の海洋進出
中国がシーパワーを求めて海洋進出を図っており、東シナ海や南シナ海では周辺国と揉めている。台湾有事も国際社会における懸念事項である
中国を警戒
中国の海洋進出や台湾併合を警戒。沖縄の米軍基地は東アジア戦略上の最重要拠点のひとつ
バシー海峡
シーレーンにおける重要なチョークポイント
南シナ海

アメリカ

インドネシア
安全保障依存
海洋進出を強める中国に圧力を受けるなか、安全保障はアメリカに頼っている
東南アジア諸国

緩衝地帯

モンゴルは北の大国・ロシアとの緩衝地帯となっている

モンゴル

アジアの中心

アジアの中心は中国で、その周辺に東アジア、東南アジア、南アジアの海洋エリアがある。中国とその周辺でいくつかの局面が展開する

中国

アフガニスタン

パキスタン

緩衝地帯

中央〜南アジアの国々は中東のイスラーム諸国との緩衝地帯となっている

インド

ミャンマー

もうひとつの大国

インドは中国と並ぶアジアの大国。政治的には中国、パキスタンと対立し、アメリカや日本との連携も模索している

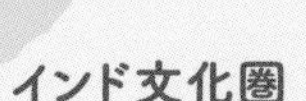

経済依存

東南アジアには中国と政治的に対立している国が少なくないが、経済面では大きく依存している

マレーシア

マラッカ海峡

シーレーンにおける重要なチョークポイント

シンガポール

イスラーム文化圏

中国の巨大経済圏構想

一帯一路がスリランカなどでトラブルに。暗雲垂れ込める現代版「シルクロード」計画

要点解説！

中国は一帯一路で東西を結び、巨大経済圏を築こうとしています。しかし、「債務の罠」やイタリア離脱などがあり、必ずしもうまくいっていません。

現代版「シルクロード」

中国はランドパワーの国ですが、近年は海洋進出を進めてシーパワーの拡大も目論んでいます。そうした戦略を象徴するのが、習近平国家主席が2013年に発表した一帯一路です。

一帯一路ではアジアとヨーロッパを結ぶ物流ルートを整備し、ヒト・モノ・カネ・情報の流れを盛んにすることにより、中国を中心とする巨大経済圏の構築を目指します。中国東部からユーラシア大陸を横断してヨーロッパに至る一帯：陸の道と、南シナ海、インド洋を経て紅海から地中海に入る一路：海の道から成り、現代版「シルクロード」とも呼ばれます。

中国は一帯一路の沿線国に融資を行い、道路や鉄道、港湾などの整備を促します。沿線のアジアやアフリカには発展途上国が多いため、この融資を大いに歓迎。ヨーロッパの先進国でも

中国との貿易促進を期待しました。ところが、構想の発表から10年以上が過ぎた今、一帯一路に批判的な声が上がるようになっています。

借金問題に揺れる国や離脱国が出現

2017年8月、スリランカのハンバントタ港の99年にわたる運営権が中国にわたりました。中国企業の貸付、建設によってつくられたこの港は、スリランカが債務不履行に陥った場合、運営権を中国に貸与する契約が締結されており、スリランカは借金を返済できなくなってしまったからです。相手国を借金づけにし、地政学上の重要拠点を押さえる——。これを「債務の罠」といい、関係国が警戒感を強めています。

またタイやフィリピンの鉄道建設の停滞、マレーシアのパイプライン敷設が中止されるなど、東南アジア諸国に約束されていた援助の約3分の2が履行されていないことも判明しました。

さらに2023年12月には、イタリアが一帯一路からの離脱を正式に中国に通達。ここにきて、巨大経済圏構想にさまざまなほころびが現れてきているのです。

中国が狙う台湾の軍事制圧

日本が紛争に巻き込まれる可能性も……。中国による台湾への武力攻撃はあるのか？

要点解説！

中国は「ひとつの中国」を掲げ、台湾併合を目指しています。台湾を自国の領土とすることによって、太平洋へ出て行きやすくなります。

中国と台湾の歴史的因縁

今のアジアにおける最大の地政学リスクとされているのが台湾問題です。

20世紀前半、中国では国民党と共産党が政治の主導権争い（国共内戦）を繰り広げ、第二次世界大戦後の1949年に毛沢東率いる共産党が勝利。共産党は中華人民共和国（現在の中国）を建国する一方、蒋介石率いる国民党は台湾に移り、同地を中華民国としました。

その後、中国政府は当然のように台湾の併合を狙います。しかし、台湾はアメリカから軍事的・経済的支援を受け、中国軍の武力侵攻をまぬかれてきました。1990年代に台湾独立の機運が高まり、中国軍が台湾海峡でミサイル演習に入ったときにも、アメリカ軍が空母を派遣したことで大事に至らずに済みました。

現在の中国は海洋進出を図っており、第一列島線（P20参照）内を掌握するためにも台湾併合を悲願としています。一方、アメリカは中国政府が主張する「ひとつの中国」を認めつつ、軍事制圧は断固阻止するスタンスをとっています。これは地政学上の問題です。

地政学的に重要な台湾の存在

東西冷戦時代、台湾は反共産主義の〝防波堤〟とみなされていました。冷戦構造はもはや存在しませんが、台湾併合が実現すれば、台湾海峡やバシー海峡といったシーレーンのチョークポイントが中国の支配下に置かれ、中国の海洋進出を助長することになります。アメリカはそれを嫌がっているのです。

中国は台湾併合を一気に進めるつもりだったとされています。しかし、ウクライナに侵攻したロシアの状況をみて、二の足を踏んでいると考えられています。

Column 香港は台湾統一の予行練習？

香港はイギリスから返還された後も、資本主義と民主主義が認められていました。しかし2010年代に入ると、中国政府は香港への介入を強化しはじめます。香港の人々は雨傘運動（写真）などで抗議しましたが、強権で抑えつけられてしまい、現在は中国化が進んでいます。台湾も将来は香港のようになるかもしれないといわれています。

アジア

エスカレートする南シナ海問題

東方だけでなく南方でも軍事衝突の危機が！　中国の海洋進出に悩む東南アジア諸国

要点解説！

中国は南シナ海全域を実効支配し、東アジアの覇権を確固たるものにしようと考えています。その強引なやり方が沿岸諸国との軋轢を生んでいます。

九段線で領有権を主張

中国が欲しがっているのは台湾だけではありません。太平洋に出る足がかりとするため、東シナ海から南シナ海に点在する島々を次々に実効支配していっているのです。

それにより、東シナ海で日本と尖閣諸島の領有権争いが起こっていることは先に述べました（P20・26参照）。南シナ海も同様で、中国と東南アジア諸国との間で南沙諸島、西沙諸島などの島嶼群をめぐる争いが深刻化しています。

中国が南シナ海の領有を主張しはじめたのは古く、1953年に発行された中国の地図に南シナ海をぐるりと囲む9本の線が描かれています。これは九段線といい、中国が海洋進出の第一目標としている第一列島線とほぼ重なります。

中国の主張によると、九段線の内側は自国のものであり、この海域に原油や天然ガスの埋蔵が確認されたことを機に、積極的に進出しはじめました。近年は岩礁を埋め立てた人工島に軍事施設を建設するなどの横暴が目立ちます。

もちろん沿岸諸国も黙っておらず、ベトナム、フィリピン、マレーシア、ブルネイなどが領有権を主張し、中国海警局の巡視船とのいざこざが頻発しています。

シーレーンが危ない

2016年にはオランダ・ハーグの仲裁裁判所が国連海洋法条約にもとづき、中国の南シナ海での主権の根拠を認めない判断を下しましたが、中国はその判決を受け入れていません。

南シナ海には中東から東アジアへ石油を運ぶ際に重要なシーレーンが通っています。とくにマラッカ海峡は重要なチョークポイントで、通航できなくなると、日本などは窮地に陥ります。日本にとっても対岸の火事ではすまないのです。

南シナ海に進出する中国
中国は南シナ海の実効支配を強め、軍事拠点づくりを進めている
中国
台湾
中国は「九段線」をもとに、ほぼ全域の管轄権を主張。エネルギー資源の埋蔵、豊富な漁場、重要な航路がある
九段線
中国が独自に設定した9本の境界線。2023年には新たに10本目の線が加えられ、「十段線」となった
南シナ海
ベトナムも中国に負けじと、岩礁の埋め立てを加速中
西沙諸島
太平洋
ベトナム
フィリピン
フィリピン沿岸警備隊と中国海警局がたびたび衝突
1
2
3
4
5
6
7
8
9
10
南沙諸島
中国は岩礁を埋め立ててつくった人工島（写真）に、軍事関連施設を建設している
マラッカ海峡
世界第2位の石油通過量を誇るチョークポイントで、常に多くの船が往来している
インドネシア

アジア

米中貿易摩擦で激化した半導体戦争

台湾問題がさらに複雑に！　戦略物資・半導体をめぐる米中の駆け引き

要点解説！

台湾は世界最大級の半導体製造地。アメリカは中国による制圧で供給網が寸断されることを恐れ、台湾を守っているともいわれています。

半導体製造の中心地は台湾

台湾問題でアメリカと中国が対立していることはこれまでに述べてきましたが、その背景に半導体があることをご存じでしょうか。

半導体とは、パソコンやスマートフォンなどの電子機器から電化製品、電気自動車、そして武器・兵器にまで使用されている、ハイテク機器の製造に欠かせない物質です。現代社会は半導体抜きには成り立たず、各国とも半導体の安定確保に躍起になっています。その半導体の世界最重要製造地となっているのが台湾です。

台湾には熊本進出で話題のＴＳＭＣ（台湾積体電路製造）をはじめ、有力な半導体企業が多数存在します。ＴＳＭＣはＡＩなどに使用される最先端半導体の世界シェア６割以上を占めるなど、今や業界トップに君臨するメーカーです。

そのため、中国が台湾併合を目論んで武力攻撃に出たりすると、半導体のサプライチェーン（供給網）が寸断され、世界経済が大混乱をきたします。アメリカはそうした地政学リスクによる半導体不足の発生を恐れ、台湾を中国から守ろうとしているともいわれているのです。

半導体不足が起こった理由

２０１８年からの米中貿易摩擦でも、半導体が取りざたされました。アメリカが半導体製造装置の対中輸出規制を強めると、中国はガリウムやゲルマニウムなどの半導体材料の輸出規制で反撃。その影響もあって、世界が半導体不足に陥りました。２０２０年からのコロナ禍でも半導体不足が生じ、さまざまなメーカーが製造停止になりました。

こうした地政学リスクを経験した国々は、工場を誘致するなどして半導体の安定確保を目指しています。

台湾の半導体製造拠点
半導体受注生産の国別割合
世界最強の半導体メーカー、TSMCの本社がある
台北
新竹
中国
台中
台湾有事が生じると、半導体の供給網が寸断される可能性がある
台湾
台南
高雄
その他 9%
中国 8%
韓国 17%
台湾 66%
TSMCなどの台湾企業が全体の6割以上のシェアを占めているため、台湾有事があった場合、世界的に深刻な半導体不足が生じることになる
出所：台湾トレンドフォース
TSMC
半導体工場の誘致合戦
アメリカはトップメーカーの工場を誘致し、半導体のサプライチェーンを国内でまかなおうとしている
韓国・サムスン電子がテキサス州に世界最大級の半導体工場を建設
ドイツ
韓国
日本
アメリカ
TSMCがドイツ・ドレスデンに欧州初の工場を建設
TSMCが熊本に新工場を建設。熊本は半導体ブームに沸いている
台湾
TSMCが650億ドルを投じ、アリゾナ州に3つの半導体工場を建設

アジア

ミサイルを乱発する北朝鮮の言い分

核開発・ミサイル発射が放置されているのは、緩衝地帯の役割を期待されているから？

要点解説！

核開発やミサイル発射など、暴走を続ける北朝鮮。その行為の背景には、朝鮮半島という緩衝地帯に位置する国ゆえの事情があります。

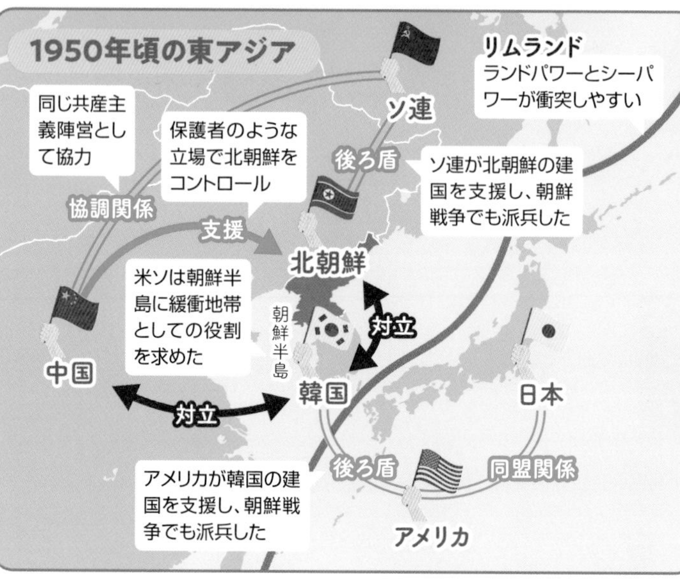

北朝鮮の地政学上の宿命

国民が貧困に打ちひしがれるなか、核開発・ミサイル発射を続け、国際社会に脅威をもたらす北朝鮮（朝鮮民主主義人民共和国）。北朝鮮がこうした状況になっている理由は地政学的に解釈できます。

朝鮮半島は中国やロシアのランドパワーと、アメリカや日本のシーパワーがぶつかるリムランドに位置しており、第二次世界大戦後、東西冷戦のなかでソ連とアメリカに分割占領されました。そして半島北部にソ連を後ろ盾にする北朝鮮が、南部にアメリカの支援を受ける韓国（大韓民国）が誕生。米ソは北朝鮮と韓国に緩衝地帯（バッファゾーン）としての役割を求め、自分たちが直接衝突しないようにしたのです。

その後、1950～53年（休戦）の朝鮮戦争を経て、朝鮮半島の南北分断が固定化すると、

今度は北朝鮮を中国が緩衝地帯としました。

冷戦時代の北朝鮮はソ連や中国と良好な関係を築いていましたが、1991年の冷戦終結とともに新局面に入ります。ソ連（ロシア）と中国が韓国と国交を正常化したため、北朝鮮は宿敵の韓国と日本、もはや信頼できないロシアと中国に囲まれることになってしまったのです。

現状維持が望まれている？

孤立した北朝鮮は1990年代から核開発やミサイル発射で周辺国を威圧する「瀬戸際外交」を繰り広げ、自衛を図るようになりました。

アメリカは金正恩（キムジョンウン）政権の転覆を狙っているともいわれますが、現実的ではありません。中国もかつてほど影響力を行使できなくなったとされています。一方、ロシアはウクライナ侵攻後、北朝鮮に近づき、友好関係を構築しようと動いています。孤立した者同士の接近です。

いずれにしろ、どの国も北朝鮮には緩衝地帯として現状を維持してほしいというのが本音。それゆえ、ミサイル発射回数が過去最高を記録しても、放置されたままになっているのです。

アジア

韓国の二股外交

頼るのはアメリカか、近くの中国か……大国に板挟みにされ、難しい外交政策

要点解説！

アメリカ寄りになると中国ににらまれ、中国寄りになるとアメリカににらまれる。韓国は微妙な空気を読んで身の振り方を決めなければなりません。

ランドパワーからシーパワーへ

朝鮮半島を北朝鮮（朝鮮民主主義人民共和国）と二分する韓国（大韓民国）は、地政学的には北朝鮮以上に難しい立ち位置にあります。

朝鮮半島は古代から中国の圧力にさらされ、どの王朝も中国に従属することによって生きながらえてきました。近代以降は不凍港獲得を目指して南下してくるロシアと、近代化を図り大陸へ進出しようとする日本の双方から圧迫されます。そして第二次世界大戦後、東西冷戦のなかで南北に分断されると、南の韓国は北朝鮮をはさんで中国と切り離され、西側陣営の一員としてアメリカに従属するようになりました。ランドパワーからシーパワーへの転身です。

その後、韓国はアメリカの安全保障のもと、日本から支援を受けて経済を発展させていきました。しかし冷戦が終わると、ロシアに続いて中国とも国交を回復。中国とは経済関係を次第に深め、現在では韓国にとっての最大の貿易相手国、なくてはならない存在になっています。

米中の間を上手に泳ぐ必要性

アメリカを盟主とする西側陣営に属していながら、中国とも良好な関係も維持しなければならない――。こうした難しい状況に置かれているのが現在の韓国です。

北朝鮮の脅威に対抗するために国内に米軍の駐留を認めており、2017年にはアメリカからの要請で弾道ミサイル迎撃システムTHAAD（サード）を配備しました。中国がTHAAD配備に反発を示したのは言うまでもありません。

韓国は安全保障をアメリカに依存し、経済を中国に依存しています。そのため、どちらにも〝いい顔〟をする二股外交を続けなければならないのです。

米中の板挟みで苦しむ韓国

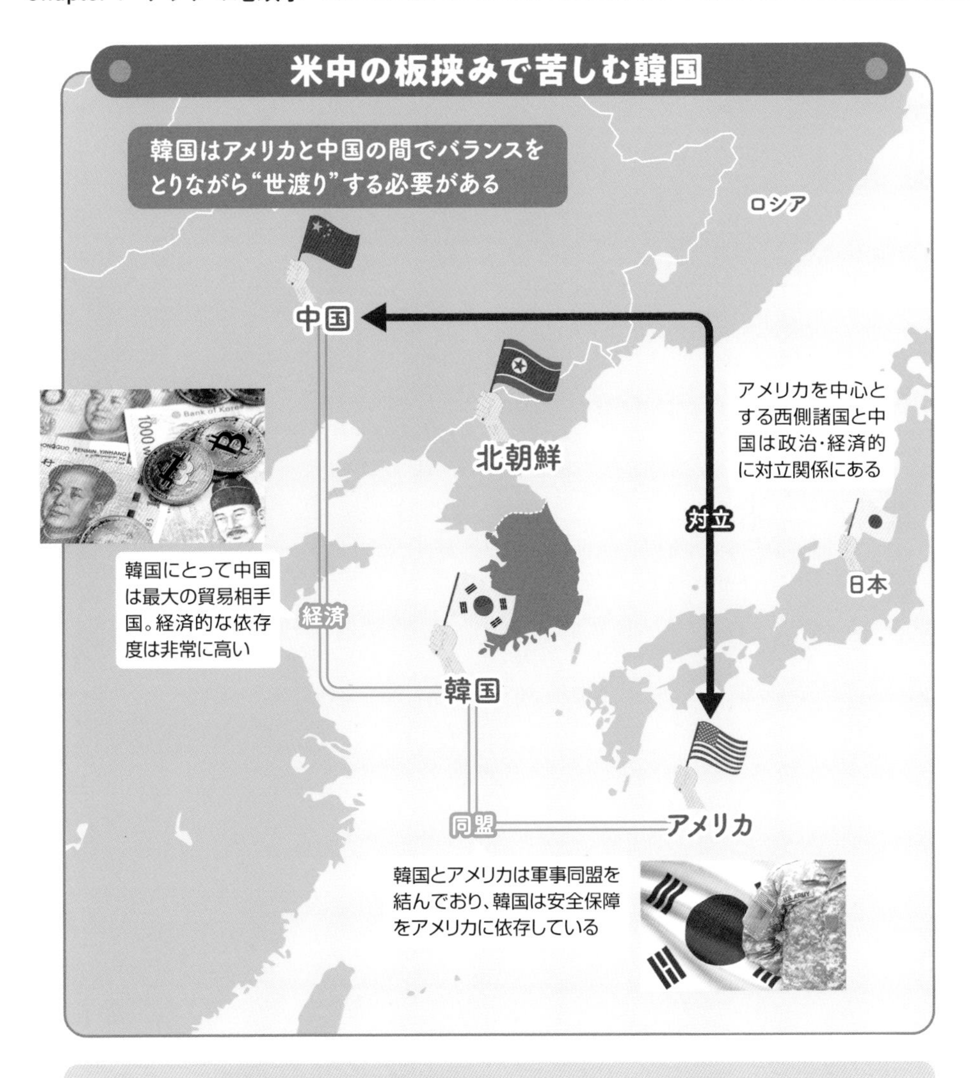

Column 韓国の反日政策

韓国の歴代大統領の多くは、「反日」を政策のひとつとして政権運営をしてきました。支持率が落ちたりすると、竹島問題や従軍慰安婦問題、徴用工問題などを提起して、政権に対する不満を外に向けさせるのです。現在の尹錫悦（ユンソンニョル）大統領は友好的な姿勢を示し、悪化していた日韓関係を改善しましたが、政権によって態度が変化する点が日本にとっては難しいところです。

尹錫悦大統領と岸田文雄首相

アジア

グローバルサウスの台頭とインド

台頭しはじめた南半球の国々。リーダーとなるのは大国のインド？

要点解説！

中国のライバル、インドは南半球に多く存在するグローバルサウスの国々の「まとめ役」としての役割が期待されています。

今後の成長が見込まれる国々

２０２２年２月のロシアのウクライナ侵攻以来、世界が「自由主義国vs.権威主義国（＝非民主主義国）」の構図で語られるようになりました。欧米を中心とする西側諸国と、ロシアや中国、イランなどの独裁傾向の強い国の対立です。

しかし、そうした流れと一線を画す立場をとる国々もあります。南半球に多く存在するグローバルサウスと呼ばれる国々です。

グローバルサウスに明確な定義はなく、国際社会への影響力を増す発展途上国や新興国を指します。その人口のトータルは世界人口のおよそ4分の3に達し、２０７５年のＧＤＰ（国内総生産）ランキングでは上位10ヶ国のうち半数以上をグローバルサウスの国々が占めると予想されています。

グローバルサウスの代表国としてはインド、

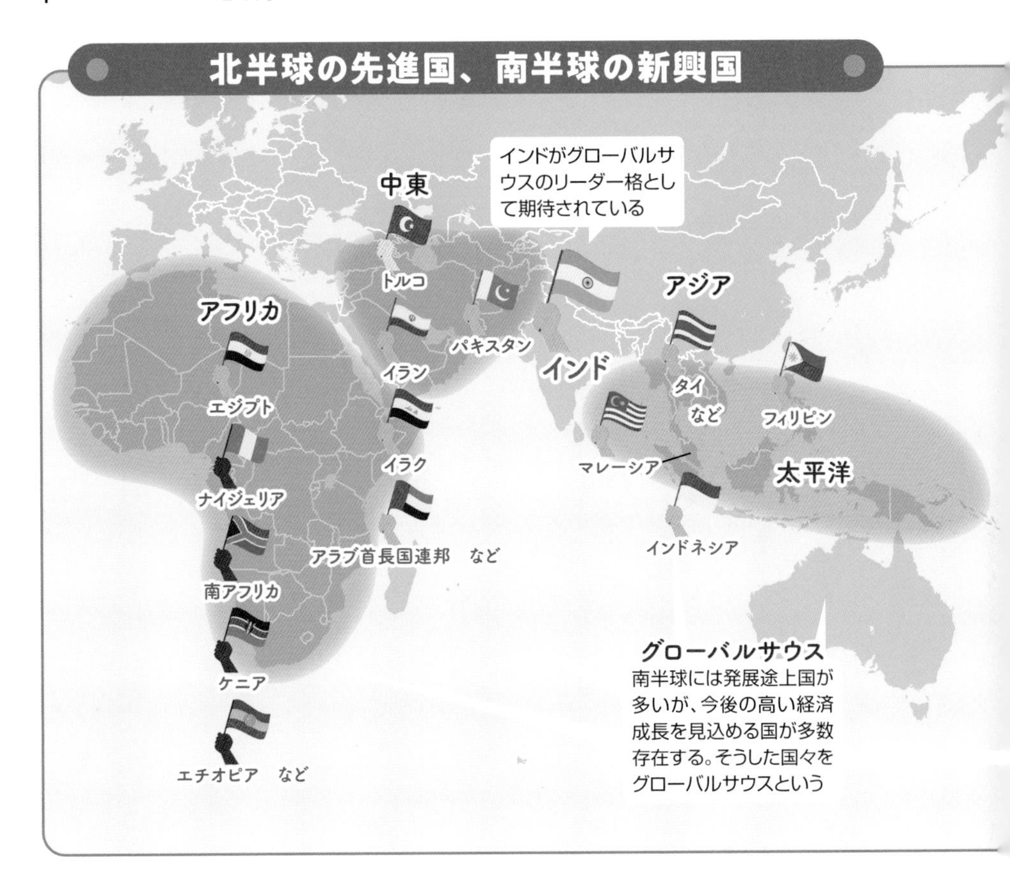

インドネシア、パキスタン、トルコ、イラン、ブラジル、ナイジェリア、エジプト、南アフリカなどが挙げられます。先進国と一定の距離を置き、ロシアや中国に同調する国も少なくありません。

そうしたなか、中軸になりうると期待されているのがアジアの大国であるインドです。

インドが〝代弁者〟になる？

インドは2023年に中国を抜いて世界一の人口大国となり、経済面でも著しい成長をみせています。2026年にはGDPで日本を抜くといわれているほどです。外交面でも西側諸国とも中ロとも完全に同調せず、バランスを重視する全方位外交を基本としており、近年は途上国の意見を世界に発信する役割を担うようになりました。

グローバルサウスの国々は、眼前の経済や食糧の逼迫（ひっぱく）に対処するほうが切実な問題で、覇権争いや代理戦争に巻き込まれたりするのは御免です。そうした声をくみ取ってくれる役回りとして、インドに期待が集まっているのです。

アジア

ミャンマーの民主化運動弾圧と中国

内戦や難民問題に揺れるミャンマーを中国はなぜ支援し続けるのか？

要点解説！

民主化運動を弾圧したり、少数民族を迫害するなどしているミャンマー。同国の政府が中国に支援されているのは、中国の貿易上の要衝だからです。

中国が軍事政権を支援

アジアでは政情不安の続くミャンマーの地政学的重要性も注目されています。

ミャンマーでは、2021年2月にクーデターが勃発。国民民主連盟（NLD）の指導者アウンサンスーチー氏が拘束され、軍事政権が樹立されると、民主派の市民への弾圧がはじまりました。この弾圧に対し、欧米諸国は経済制裁を発動しましたが、中国は軍事政権を支援しました。中国にとってミャンマーは地政学的に極めて重要なため、関係を悪化させるわけにはいかないのです。

ミャンマーは重要なパートナー

中国がミャンマーと友好関係を維持することで得られるひとつはシーレーンです。

中東産の石油資源は東南アジア経由のタンカーで中国へ運ばれてきますが、マラッカ海峡が封鎖されてしまえば中国にとって死活問題となります。そこでミャンマーの港を使うことにより、経済安全保障上のリスクを軽減できるのです。実際、インド洋に面したミャンマーの港湾都市チャウピューには、中国の昆明～重慶に至るパイプラインが敷設され、中国主導で開発が進められています。

中国はミャンマーの政治問題だけでなく、民族問題にも関与しています。

ミャンマー西部を中心に分布する少数民族ロヒンギャ族は軍事政権に弾圧され、多くの人々が隣国バングラデシュ方面に逃れました。そのロヒンギャ難民の帰還を、中国がミャンマー政府にはたらきかけているのです。

ミャンマー西部の情勢不安は中国の利害関係にかかわってくるため、早期に安定化を図りたいという意図が見え隠れします。

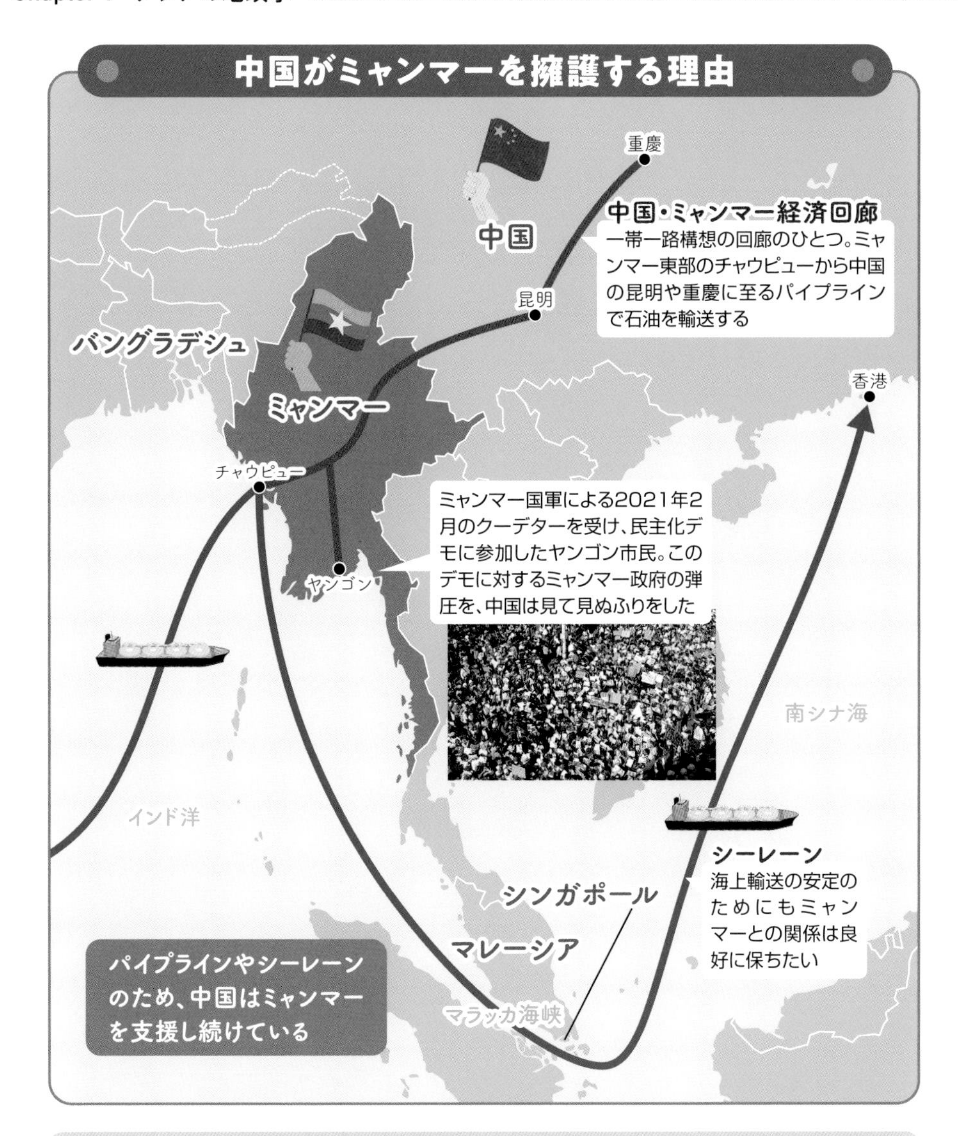

Column　タイが独立を維持できた理由とは？

ミャンマーの隣国のタイは、19世紀後半～ 20世紀初頭にかけて、東南アジア諸国が次々に植民地化されるなか、独立を維持しました。タイの西隣のミャンマーはイギリス、東隣のカンボジアやラオスはフランスに植民地化されましたが、英仏はその間に位置するタイを緩衝地帯とし、互いの勢力圏が接しないほうがよいと考えました。その結果、タイは植民地支配をまぬかれたのです。

アジアの小国シンガポールの幸運

シンガポールはアジア屈指の富裕国。小さな都市国家が大きな発展を遂げた理由

アジア

要点解説！

小国ながらアジア屈指の裕福な国、シンガポール。その発展に寄与したのは、シーレーン沿いに位置する優位性でした。

小国ながら東南アジアの雄

東南アジアは地政学的にみるとリムランドの周縁部にあたり、第二次世界大戦前にはほとんどの国が欧米列強によって植民地化されてしまいました。しかし戦後、独立してから経済成長を遂げた国も多く、豊かな資源と平均年齢が若く多数の人口を有することから、さらなる成長が見込まれています。

その東南アジアにおいて、地理上の強みを活かして大きく発展したのがマレー半島の先端に位置する島国のシンガポールです。国土面積は東京23区と同程度、人口は約600万人の小国ながら、一人当たりGDPは日本の1・5倍を誇るアジア屈指の経済大国です。

14世紀末、マレー半島とスマトラ島にまたがる地域にはマラッカ王国があり、海上交易の中継地として繁栄しました。16世紀初頭にポルトガルの侵攻で滅亡し、19世紀にはマレー半島の大半がイギリスに支配されましたが、植民地時代も中継港として発展。1963年にマレーシアの一州として独立した後、1965年に連邦から離脱して現在のシンガポールとなりました。

地理的な優位が発展をもたらす

建国当初は人口が少なく資源もない貧しい国でしたが、マラッカ海峡の東の入口、東アジアとインド・中東を結ぶ重要なシーレーン沿いに位置することが幸いし、初代首相のリー・クアンユーの治世下で多くの外国資本が集中。やがて金融、運輸などの要衝となり、グローバル・ハブ機能をもつ新興工業国に成長したのです。

東南アジアの10ヶ国で構成されたASEAN（東南アジア諸国連合）の中心という戦略的な位置にあることからも、ますますの成長が期待されています。

Column シンガポールと台風

東南アジアは台風の通り道となり、被害を受けることが多々あります（写真）。しかし、シンガポールは赤道直下に位置しているため、台風に襲われることはほぼありません。台風は地球の自転で発生しますが、赤道付近ではコリオリの力と呼ばれる転向力がはたらないため、台風の発生数が極めて少ないのです。そのこともまた、シンガポールの経済発展の理由のひとつといえるでしょう。

ランドパワーとシーパワーに加え、エアパワーとスペースパワーも重要な力に！

地政学では、世界をランドパワーとシーパワーの2つに分ける考え方が主流です。地政学が形成された当時は、陸軍と海軍によって軍事力が構成されていたため、その分類で何の問題もありませんでした。しかし、その後の戦争で空軍の力が戦局を動かす重要なファクターになるにつれて、新たな力の存在が取り沙汰されはじめました。ランドパワー、シーパワーに続く第3のパワーとは空を制する力、すなわちエアパワーです。

エアパワーは「地理的条件から各国の行動原理を読み解く」という地政学の原則からは外れます。しかし、現代戦ではまず空軍によって制空権を握り、戦況を有利に展開するのがセオリーとされており、エアパワー抜きの戦闘は考えにくくなっています。

また、航空機を運用するためには地上の基地や海上の空母が必要になることから、ランドパワー・シーパワーとも関連性があります。そうした意味で、エアパワーも無視できないのです。

さらに、今後はスペースパワーの重要性が高まっていくと考えられています。

アメリカ、中国、ロシア、インドなどの大国が中心となって宇宙開発競争が激化するなか、通信衛星などを使って敵国の情報収集を行ったり、地上戦を支援したりします。十分な資金力がない国は決してもてない力です。

現在、宇宙開発競争をリードしているアメリカと中国がスペースパワーを拡大していくことになるでしょう。

イーロン・マスク氏が率いるアメリカの航空宇宙メーカー、スペースX社によるファルコン9の打ち上げ。ウクライナ侵攻で活躍した通信衛星スターリンクが搭載されている

Chapter 2
南北アメリカの地政学

新興勢力の中国を迎え撃つ、現在の覇権国アメリカ。
かつてほどの力はなくなりつつあるとはいえ、
やはりアメリカの影響力は絶大です。
そんな最強国の動きを中心に、
南北アメリカの国々を追いかけます。

写真・地図でわかる！

Chapter 2

南北アメリカの地政学

「世界の警察官」からの引退

各地の紛争に介入して国際秩序の安定を図ってきたアメリカが、脱・世界の警察官を宣言。世界の安定は保たれるのでしょうか？（▶P58）

アメリカと中国の対立

覇権国のアメリカと大国化した中国。両国は紛争から経済問題まで事あるごとに対立し、争っています（▶P60）

ベネズエラによるガイアナの併合危機

南米のガイアナは突如湧いて出たオイルマネーで急成長。それを見ていた経済危機のベネズエラが目を光らせ……（▶P64）

隣の芝は青い
～ベネズエラ・マドゥロ大統領

中南米諸国の左傾化

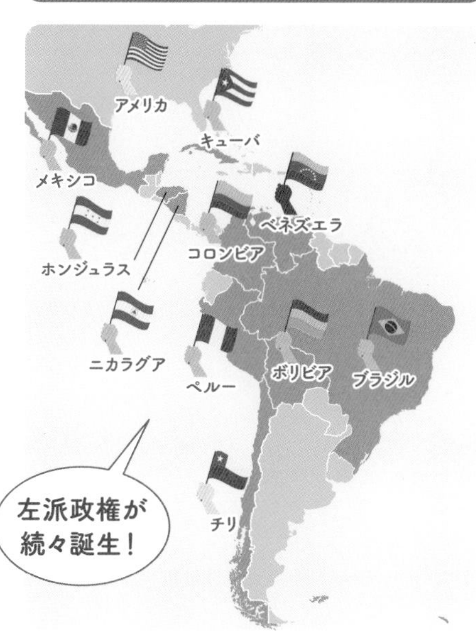

「アメリカの裏庭」と呼ばれていた中南米で左傾化が進んでいます。反米の国も多く、もはや「裏庭」とはいえなくなりました（▶P62）

アメリカを目指す移民・難民

経済大国のアメリカには、豊かさを求めて中南米から移民や難民が殺到しています。最近は中国人までやってくるようになりました（▶P66）

国境に壁を、
早く！
～トランプ元大統領

■地政学で見る南北アメリカ

テロの脅威
2001年のアメリカ同時多発テロのように、イスラーム過激派によるテロ攻撃の危険にさらされている

シェール革命
シェールオイルの採掘が進み、アメリカは世界最大級の産油国になった

大西洋

シーパワー国家
アメリカは太平洋と大西洋に挟まれ、孤立した大きな島。ゆえにランドパワーではなく、シーパワー国家に分類される

中東

アメリカの内海
アメリカはメキシコ湾やカリブ海を自国の内海としたことにより、海外に出ていきやすくなった

カリブ海

ベネズエラ

ペルー

ブラジル

アメリカの裏庭
中南米諸国はかつては「アメリカの裏庭」だったが、最近は反米傾向の国も目立ち、必ずしもアメリカの言うとおりにならない

ロシアの抑え
1867年にロシアから購入したアメリカ領。ベーリング海を隔ててロシアと接しており、ロシアに対する抑えとなっている
弾道ミサイルの脅威
北朝鮮の弾道ミサイルはアメリカ全土を射程に収めたといわれている
ロシア
アメリカ
（アラスカ）
カナダ
中国
アメリカ
国境の壁
アメリカは中南米と陸続きであるため、不法移民が大挙してやってくる。その防壁として、トランプ政権がメキシコとの国境沿いに壁を築いた
北朝鮮
メキシコ
メキシ
湾
太平洋
中米北部三角地帯
グアテマラ、ホンジュラス、エルサルバドルは貧困と治安悪化が著しく、アメリカへの多くの不法移民を生んでいる
中国の海洋進出
海洋進出を積極化している中国と太平洋で衝突する可能性がある
パナマ運河
パナマ運河
世界の物流が集中するチョークポイント（海上交通の要衝）のひとつ。1999年までアメリカが実質的に支配していた

「世界の警察官」からの引退

アメリカはもはや「世界の警察」ではない！ 大きく変わりつつある国際秩序

南北アメリカ

要点解説！

覇権国のアメリカが「世界の警察官」として国際秩序を守ってきた時代は終わりつつあります。アメリカは軍事・経済的に疲弊してしまいました。

アメリカが覇権を握るまで

1776	アメリカ建国。**東部13州**からスタートする
1783以降	買収・譲渡・戦争などで領土を拡大
1848	**太平洋岸**にまで到達
19世紀後半	**西部開拓**を進める
1867	ロシアから**アラスカ**を買収
19世紀末	武力を用いた棍棒外交により**カリブ海**を実質的な支配下に置く
19世紀末	太平洋進出を開始。
1898	ハワイ併合。さらに米西戦争（写真上）で**フィリピン**や**グアム**を獲得
1914	**パナマ運河**を完成させ、支配下に置く
1945	太平洋戦争（写真下）で日本に勝利し、**太平洋**を実質的な内海にする。二度の世界大戦に勝利した結果、アメリカは**覇権国**になった

孤立主義から国際秩序の守護者へ

現在の世界の覇権国はアメリカです。

１７７６年に建国されたアメリカは、北米大陸やカリブ海一帯を実質的な支配下に置き、その地を〝巨大な島〟としました。19世紀前半には、ヨーロッパから一線を画すモンロー大統領の外交スタンス（孤立主義）のもとで国力を高めます。そして19世紀末から積極的に海外進出しはじめ、二度の世界大戦で戦勝国となり、イギリスに代わる覇権国となったのです。

東西冷戦時代にはソ連率いる社会主義陣営と対立するなか、自由と民主主義を広めるべく「世界の警察官」を自任し、世界各地の紛争に積極的に関与していきました。冷戦終結以降は、唯一の超大国として独裁国家やテロ組織の〝取り締まり〟に邁進(まいしん)。２００１年、９・11アメリカ同時多発テロが発生すると、当時のブッシュ大

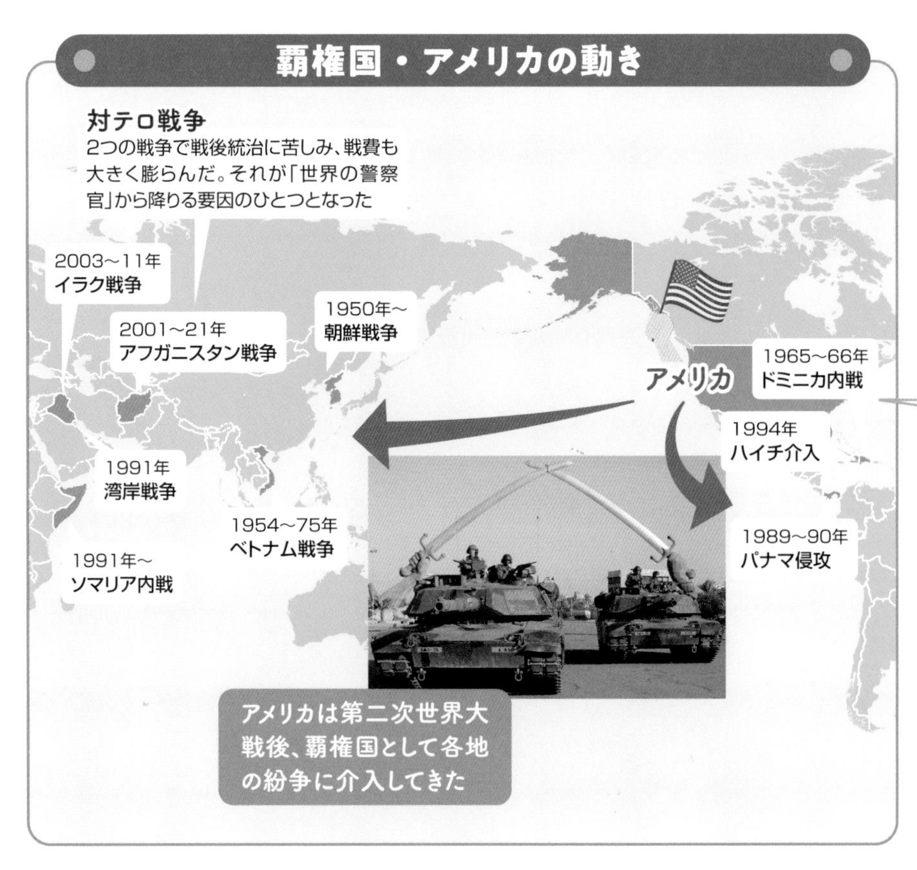

統領は首謀組織アル＝カーイダのリーダーであるビン・ラディーンを匿ったとしてアフガニスタンを攻撃します。さらに2003年には大量破壊兵器を保有している可能性があるという理由でイラクに戦争を仕掛け、フセイン政権を打倒しました。

自国の財政再建が急務となった

しかし、アメリカはアフガニスタンでもイラクでも戦後の統治に苦心。しかも2008年のリーマン・ショックの影響で財政赤字が悪化したため、軍事費の削減を迫られました。

そうしたなか、オバマ大統領は2013年に「アメリカは世界の警察官ではない」と宣言。次のトランプ大統領も同じ考えで、アメリカは従来のように各地に介入していく方針をやめることにしたのです。

その後の「世界の警察」なき世界では、ロシアによるウクライナ侵攻、中国の南シナ海での横暴、イスラエルによるガザ侵攻などトラブルが頻発。世界の治安維持を担う国の存在の大きさが改めて浮き彫りになっています。

南北アメリカ

アメリカと中国の対立

アメリカと中国がさまざまな局面で対立。激化する覇権勢力と新興勢力の争い

要点解説！

覇権国とナンバー2の新興勢力の衝突は避けられないもの。アメリカは覇権の座を狙う中国と、世界各地で対立しています。

貿易摩擦

米中貿易はアメリカの大幅な輸入超過が続いており、トランプ政権は2018年に関税引き上げを実施。中国も対抗し、両国による関税引き上げが繰り返されている

アメリカ

台湾問題

中国は将来的な台湾併合を狙い、武力行使さえ示唆。アメリカは台湾支援を強化し、台湾海峡は一触即発の危機にある

アメリカは同盟国や友好国と日米豪戦略対話Quad（クアッド）や、イギリス、オーストラリアとの軍事同盟AUKUS（オーカス）（写真）を組織し、中国包囲網を構築しようとしている

アメリカの覇権に挑戦する中国

覇権国のアメリカが最も目を光らせている国のひとつが中国です。

アメリカは経済力、軍事力とも世界一で、世界第2位が中国。アメリカはシーパワーの大国、中国は従来のランドパワーにシーパワーをも兼ね備えた大国を目指しており、両国が対立するのは当然といえば当然です。また、覇権勢力と新興勢力が対峙してきたこれまでの歴史をみても、対立は避けられないのでしょう。

米中の対立はさまざまな局面でみられます。台湾問題、ウクライナ危機、北朝鮮ミサイル問題、ウイグル弾圧、そして貿易摩擦などです。

アメリカは中国包囲網を築く

台湾問題では「ひとつの中国」を主張して武力行使さえ示唆する中国に対し、アメリカは台

さまざまな局面で対立するアメリカと中国

ウクライナ危機
アメリカは欧州諸国や日本などとともにロシアに対して経済制裁を実施。中国は経済制裁に加わらず、ロシアとの経済協力を継続

ウイグル弾圧
少数民族のウイグル族を弾圧する中国政府に対し、アメリカは「ジェノサイド」と非難

北朝鮮ミサイル問題
ミサイル発射を繰り返し、核兵器開発疑惑もある北朝鮮。その後ろ盾になっている中国を、アメリカは非難。中国はアメリカの歩み寄りを主張

ウクライナ

新疆ウイグル自治区

北朝鮮

中国

台湾

アメリカからの覇権奪取を目論む中国は、まずはアジアの盟主の座、太平洋進出を狙い、軍事力の強化を進めている

湾支援を強化。今後、緊張が高まれば軍事衝突の可能性もあり得ます。

ウクライナ危機においてアメリカは、欧州諸国や日本などとともにウクライナを支援していますが、中国は対ロ経済制裁に加わらずロシアとの経済協力を続けています。

北朝鮮ミサイル問題では、北朝鮮の後ろ盾になっている中国をアメリカが非難。中国はアメリカが北朝鮮に歩み寄るべきと主張します。

ウイグル弾圧では、中国はウイグル族への強制労働や強制中絶を否定しますが、アメリカは「ジェノサイド」と非難しています。

貿易摩擦は、中国との貿易赤字に悩むアメリカが2018年に中国製品への関税引き上げを行ったことにはじまります。その後、両国とも関税引き上げを繰り返し、「戦争」といわれるまでにヒートアップしました。

中国としては、まずはアジアの盟主の座を狙って軍事力の強化を進めています。一方、アメリカはアジアだけに注力するわけにはいかないため、同盟国や友好国と連携し、中国包囲網を構築しようと動いています。

中南米諸国の左傾化

「アメリカの裏庭」のはずが反米に。今や「アメリカの脅威」となっている中南米

要点解説！

アメリカの影響力が強かった中南米諸国に多くの左派政権が誕生。反米の姿勢をとり、アメリカの支配に対抗しようとする国が増えてきました。

中南米を取り込んだアメリカ

19世紀前半にヨーロッパと一線を画す外交政策を選んだアメリカは、しばしば「孤立主義」と呼ばれるその方針のもとで中南米諸国への影響力を高めていきました。ヨーロッパによるアメリカ大陸への介入を退けたうえで、武力をちらつかせながら政治・経済的に支配しようとするものです。やがて中南米は、「アメリカの裏庭」と呼ばれるようになりました。

しかし第二次世界大戦後、アメリカへの反発が強まり、キューバやチリなどに反米の左派政権が誕生。これに対し、アメリカは反政府勢力を支援するなどして共産化を防ごうとしました。

当時、アメリカととくに激しく対立したのが、1959年にカストロ将軍らによる革命がなされたキューバです。東西冷戦下の1962年、キューバがソ連の核ミサイル基地設立を容認すると、喉元にナイフを突きつけられた形のアメリカは、核ミサイル運搬を阻止しようと海上封鎖を実施。これで一気に緊張が高まり、米ソによる核戦争の危機が生じたのです。

左傾化ドミノが起こった

冷戦後、アメリカは中南米諸国に対して民主化とともに新自由主義経済の導入を求めますが、自由競争が重視されたことで、貧富の差が拡大。1999年に産油国ベネズエラで反米左派のチャベス大統領が政権につき、アメリカ系の石油会社を締め出すなどの動きが起こると、これに勢いを得た中南米諸国で次々と左派政権が誕生しました。いわゆる左傾化ドミノです。

最近も2023年1月にブラジルで左派のルラ大統領が大統領に返り咲いたり、同年3月にホンジュラスが親米の台湾と断交して中国と国交を結ぶなどの動きがみられます。

Column 中南米で高まる中国の存在感

中南米におけるアメリカの影響力は、かつてほど強くはありません。その一方で、影響力を増したのが中国です。中国の対中南米貿易額は2000年代以降、約17倍に拡大。2005年から19年にかけての融資累計額もアメリカを上回る1380億ドル以上に達します。さらにコロナ禍ではワクチンなどの医療物資を提供し、関係強化につとめました。こうした接近戦略により、やがて中南米は「中国の庭」となるのでしょうか。

ベネズエラによるガイアナ併合危機

経済破綻のベネズエラがオイルマネーで急成長を遂げたガイアナ併合をねらう

要点解説！

南米のガイアナで有望な海底油田が発見されたのを機に、経済危機で混乱している隣国のベネズエラが併合しようとする動きをみせています。

海底で大油田が発見された

2023年12月、南米で新たな地政学リスクが顕在化しました。ガイアナの油田地域がベネズエラに併合されそうになったのです。

ガイアナは1966年にイギリスから独立して以来、農業や漁業を中心とする貧しい国でしたが、2015年にエセキボ地域沖合で数十億バレルもの埋蔵量を誇る海底油田が発見されたことで状況が一変します。2020年に原油の輸出がはじまると、経済が急成長し、「新しいドバイ」と呼ばれるほど注目を集めたのです。

しかし、ベネズエラがこれに待ったをかけます。2023年12月、ベネズエラの反米左派マドゥロ政権は、「エセキボ地域はスペイン植民地時代にベネズエラ領であった」と主張し、同地域の併合を問う国民投票を実施。その結果、95％近くの支持を得たというのです。

国民の政権批判をそらしたい

エセキボ地域は、ガイアナの国土の3分の2に相当します。スペイン統治時代にはベネズエラ領に属していましたが、イギリス統治時代の1899年に国際仲裁がなされ、イギリス領と認められました。のちにイギリスから独立したので、ベネズエラ領ではありません。しかし、ベネズエラはその裁定を否定。さらに「現在主流の状況変更を図るべきでない」とする国際司法裁判所の判断も受け入れません。

ベネズエラは世界屈指の産油国で、2000年代前半までは南米随一の富裕国でした。しかし、世界的な原油安や石油政策の失敗により経済が破綻し、治安が悪化した祖国を離れて難民化する人が後を絶ちません。マドゥロ政権は国内の批判をそらすため、ガイアナの領有権を強く主張しているとみられています。

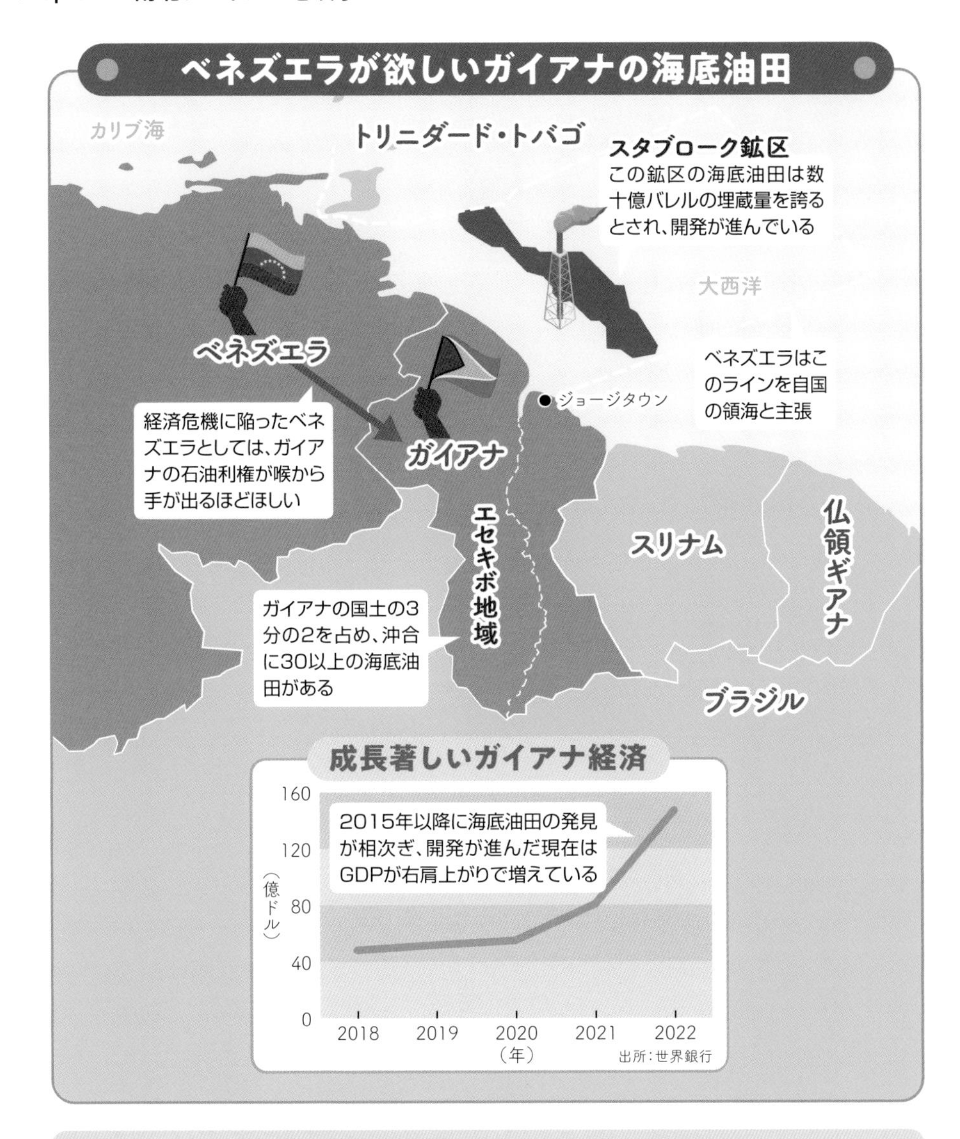

Column　ベネズエラの悪夢

チャベス政権時代にオイルマネーで豊かになったベネズエラですが、2010年代半ばから原油価格の急落に端を発する経済危機と、マドゥロ政権による市民に対する弾圧により、国内情勢は激変しました。治安の悪化した祖国を離れる人々も多く、700万人が難民化したといわれています。この数はウクライナ難民とほぼ同数といえば、いかに深刻な状況か理解できるのではないでしょうか。

南北アメリカ

アメリカを目指す移民・難民

ヒスパニックから中国人まで……。不法越境してくる人々の波がとまらない！

要点解説！

中南米からアメリカへ向かう移民・難民が急増しています。際限のない不法越境を取り締まるため、アメリカは「国境の壁」の建設再開を決めました。

豊かさを求めるヒスパニック

北米大陸と南米大陸は、細長い陸地でつながっています。この「陸続き」であることが、現在のアメリカにとって地政学リスクとなっています。不法移民が次々とやってくるからです。

不法移民の大半はメキシコをはじめ、北部三角地帯といわれるエルサルバドル、グアテマラ、ホンジュラスの人々（ヒスパニック）で、近年はベネズエラやコロンビアなどの出身者も増えています。経済的に貧しく治安も悪い祖国を捨てた人々が、移民キャラバンをつくって豊かなアメリカを目指してくるのです。

アメリカとメキシコの国境地帯には鉄柵などがあり、手続きをしないと入国できませんが、密入国を図る者が少なくありません。バイデン大統領はトランプ前大統領が進めた「国境の壁」の建設をいったん中止したものの、不法移民が後を絶たないため、2023年に壁の建設再開を発表しました。

国に嫌気がさした中国人の逃避行

アメリカを目指す移民のなかには、ヒスパニックだけでなく中国人もいます。

彼らは中国から空路でビザが不要なエクアドルに入り、直線距離で約3700㎞もの距離を北上してきます。途中には毒蛇や猛獣、感染症の危険のほか強姦や人身売買を行う犯罪組織が跋扈（ばっこ）するパナマのジャングル、ダリエン地峡が横たわっていますが、立ち止まらずに進みます。

そうした危険を冒してまでアメリカ行きを望むのは、中国政府の抑圧のもとで生きるより自由の国で暮らしたいと強く願っているからです。

現在の中国の共産党独裁に対する批判が、国民のアメリカへの亡命という形で顕在化しているともいえるでしょう。

移民・難民たちが進むアメリカへの道

← ヒスパニックのルート
← 中国人亡命者のルート

移民・難民は貧困や治安悪化から逃れるヒスパニックが主流だが、最近は中国人も増えてきた

アメリカ

国境の壁
アメリカ・メキシコ国境は厳重な警備が敷かれ、高い「壁」も立ちふさがっている

メキシコ湾

メキシコ

太平洋

グアテマラ

ホンジュラス

ダリエン地峡
約100㎞にわたる「死のジャングル」が横たわる

北部三角地帯
エルサルバドル、グアテマラ、ホンジュラスあたりの人々が移民キャラバンをつくってアメリカを目指す。その数は2022〜23年に200万人を超えた

エルサルバドル

コロンビア

エクアドル

エクアドルへの入国はビザが不要。そのため、この国からアメリカへの第一歩を踏み出す

中国人亡命者は空路ヨーロッパ経由でエクアドルに入り、「走線」と呼ばれるルートを北上していく。2023年には約2万2000人がアメリカを目指した

コンピュータネットワーク上での戦いに必要なサイバーパワーの重要性

現代戦の戦場は陸・海・空に加え、宇宙空間にまで広がっていますが、それだけではありません。インターネットの普及・発達にともない、コンピュータネットワーク内につくられたサイバースペース（仮想空間）で攻防戦が繰り広げられるケースが増えてきたのです。

その背景には、情報の重要性の高まりがあります。古来、情報は戦局を左右する重要な要素で、スパイ活動や暗号の開発・解読といった情報戦が行われてきました。現代ではハッキングによって政府機関、軍の関連施設、発電所などのインフラ施設に侵入したり、ウイルスに感染させたりして機密情報を盗み出す、あるいはエックス（旧ツイッター）やフェイスブックなどの SNS でフェイクニュースを流して世論を動かすといったやり方がとられています。

そうしたサイバースペースでの戦いを優位に展開するために必要になるのがサイバーパワーです。アメリカは 2018 年にサイバー軍を統合軍のひとつに昇格させました。ハイテク国家のイスラエルもハッカー技術に優れたサイバー大国として知られています。中国も早くからサイバーパワーの拡大に力を入れており、17 万 5000 人ものサイバー戦部隊がいるといわれています。

日本も負けてはいません。2022 年に自衛隊にサイバー防衛隊を創設し、アメリカなどと連携をとりながら、情報通信ネットワークの防衛体制の強化を図っています。

サイバースペースでは、複数のコンピュータから大量のデータを送信してシステムダウンを狙う DDOS 攻撃などが行われる。ウクライナ侵攻前には、同国の政府機関や銀行がロシアの攻撃にさらされた。

Chapter 3

ヨーロッパ・ロシアの地政学

この地域の大局はヨーロッパ VS ロシアという
対立軸で考えることができます。ウクライナ侵攻を含め、
激化する東西の対立の背景に何があるのかを探ります。

写真・地図でわかる！

Chapter 3

ヨーロッパ・ロシアの地政学

ロシアによるウクライナ侵攻①②

ウクライナが欧米に接近すれば、ロシアの安全保障が危うくなる――。ロシアの「兄弟国」への侵攻は、地政学的な理由が大きかったといわれています（▶P74・P76）

モスクワ郊外で中央アジア出身者によるテロが起こり、140人以上が死亡。ロシアは西部地域だけでなく、南部にも注意を向けなくてはならなくなりました（▶P78）

ロシアの多正面対応

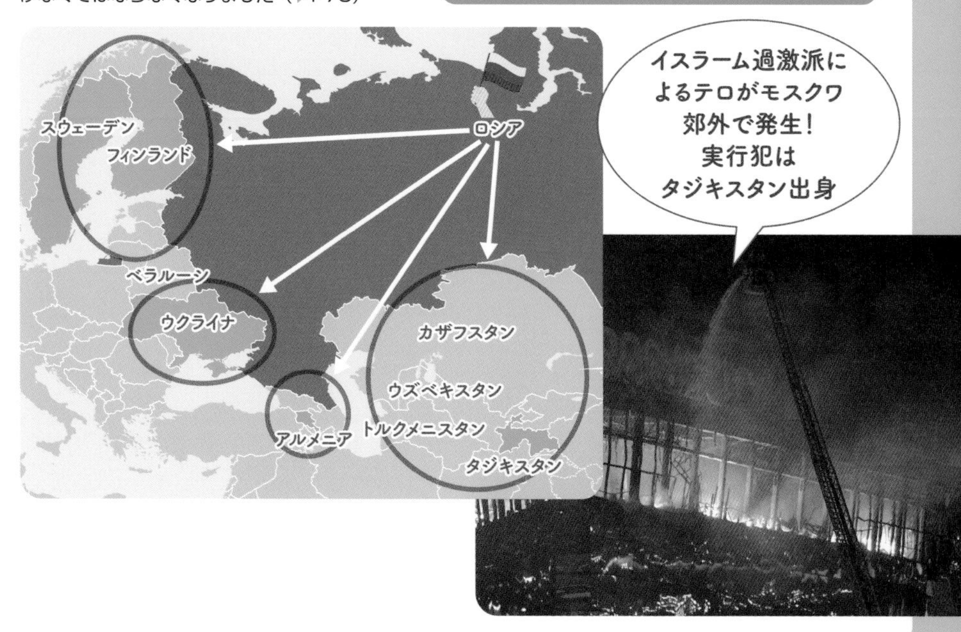

移民・難民がもたらす社会の混乱

経済的な豊かさや身の安全を求めて、西欧諸国を目指す人々が増えています。しかし、受け入れ側にも限界があり、社会不安につながるケースが目立ってきました（▶P84）

ブレグジットの後遺症

イギリスは伝統的な外交政策でEUから離脱しました。しかしその後、経済的な問題が噴出し、一部ではEU再加盟を訴える人も出てきました（▶P82）

北極圏の新航路をめぐる争い

地球温暖化により北極圏の氷が解け、新航路が姿を現しました。その航路をロシアなどの沿岸国が虎視眈々と狙っています（▶P88）

■地政学で見るヨーロッパ・ロシア

経済連携・安全保障

経済面ではEU（欧州連合）、安全保障ではNATO（北大西洋条約機構）をつくり、東方へと勢力を広げてきた

西欧諸国

ヨーロッパの断層線

東西冷戦時代、西側陣営と東側陣営の緩衝地帯とされた。軍事衝突もたびたび起こっており、ウクライナもこの一帯に含まれる

バルト海

大西洋

ポーランド

フランス

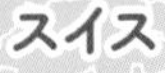

中立国

スイスはヨーロッパの中央部に位置し、大国に囲まれながら、長年にわたり中立を保ってきた

イタリア

スペイン

半島

ヨーロッパは世界島から突き出て、三方を海に囲まれた「半島」とみなされる。この地の国は海に出ていきやすく、シーパワーを得られる

海の公道

古来、ヨーロッパでは経済・文化の両面で地中海が発展をもたらしてきた

地中海

ロシアによるウクライナ侵攻①

全世界に衝撃を与えたロシアのウクライナ侵攻を地政学的見地からひもとく

要点解説！

ロシアはNATOと直接国境を接することを危惧していました。ウクライナが加盟すれば、その不安が現実のものとなるため、実力行使に出ました。

ロシアは西側陣営に向かおうとするウクライナを引き止めるべく、武力侵攻を行ったといわれている

ロシア

ウクライナは豊かな穀倉地帯で工業も盛ん、さらにクリミア半島に不凍港をもつ。ロシアにとってはNATOとの緩衝地帯でもある

クリミア半島

ウクライナ・ゼレンスキー政権はNATO入りを希望

ロシア・プーチン政権はウクライナの引き留めに必死

「兄弟国」が敵になった

近年の国際情勢において、最も衝撃的な出来事のひとつとなったのが、ロシアによるウクライナ侵攻です。ロシアとウクライナは旧ソ連の中核的存在で、歴史的にはキエフ公国（キエフ・ルーシ）をルーツとする「兄弟国」とされています。そんな国を、ロシアのプーチン政権が攻めたのはどうしてでしょうか。

ウクライナ侵攻についてはいくつかの理由が指摘されていますが、そのひとつにウクライナの地政学的重要性がありました。

ウクライナは2000年代以降、ロシアから距離を置き、欧米に接近しようとする動きをみせるようになりました。豊かな穀倉地帯であり、工業も盛ん、さらにクリミア半島に不凍港をもつウクライナ。ロシアとしては、この地政学的に重要な兄弟国が親欧米に傾くことをやすやす

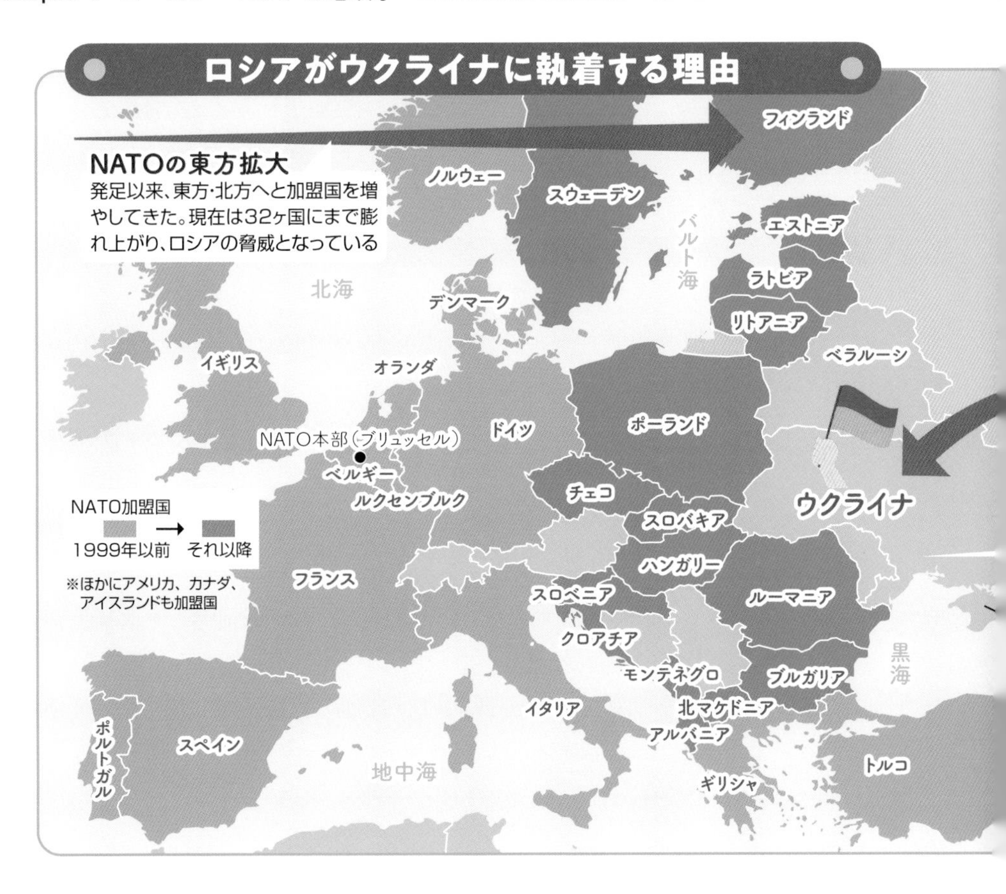

と認めるわけにはいきません。そこでロシアは2014年、軍事力で強引にクリミア半島を併合したうえ、親ロシアの住民が多い東部2州（ドネツク州、ルハンシク州）に独立を宣言させたのです。

NATO東方拡大への危機感

ウクライナのもつ地政学的重要性は、同国がロシアと西側諸国の軍事同盟であるNATO（北大西洋条約機構）との緩衝地帯（バッファゾーン）という点にもあります。

ロシア西部の国境地帯は平坦な土地が多いため、ロシアはウクライナを他国からの侵略を防ぐ緩衝地帯とみなしていました。ところが、ウクライナのゼレンスキー政権は同国のNATO入りを強く希望します。

ウクライナの新規加盟が実現すればNATOの東方拡大が進む一方、ロシアは緩衝地帯を失い、NATOと国境を交えることになる――。そうした事態をプーチン政権がロシアの重大な危機としてとらえたことが、ウクライナ侵攻の要因のひとつになったと考えられています。

ロシアによるウクライナ侵攻②

ウクライナとの戦いで勢いを増すロシア　その強さの根拠はどこにある？

要点解説！

ロシアが軍事的に強いのは、兵力や物量の多さだけではありません。ハートランドを押さえ、持久戦に絶対の自信をもっていることも理由のひとつです。

開戦から2年経ち、戦線は膠着気味

2022年2月24日に首都キーウの陥落を狙ってウクライナに電撃侵攻したロシアですが、作戦は失敗し、戦争は長期戦に突入しました。ウクライナの大規模な反転攻勢も、想定されたほどの成果は出ませんでした。

その後も徹底抗戦の姿勢を崩さないウクライナに対し、ロシアはミサイルとドローンによる攻撃を継続。戦線が膠着し、西側諸国が〝支援疲れ〟をあらわにしはじめると、国際社会では停戦を求める声が上がり、プーチン大統領が停戦を呼びかけたとの報道もされています。

現在は、疲弊するウクライナ、大国の底力をみせているロシアといった情勢です。

ハートランドを押さえている強み

ロシアの戦争における強さを地政学的に説明する場合、ハートランドを押さえている点が注目されます。

ハートランドとは、ユーラシア大陸の中心部（P12〜15参照）。その南は険しい山脈や不毛の砂漠地帯で、征服するのは困難とされています。ゆえに地政学では、「ハートランドを制する者は世界を制する」といわれるのです。

実際、19世紀初頭にはフランスのナポレオンをハートランドにおびき寄せ、撃退に成功。第二次世界大戦でも2000万人もの犠牲者を出しながら、アメリカから供与された兵器を用いて、ドイツのナチ党の侵攻を打ち破っています。

今回のウクライナ侵攻において、ロシア軍では当初36万人いた兵士のうち、31万人が死傷したといわれています。それでもロシアが動じることなく戦争を継続できるのは、守勢にまわってからの持久戦にはめっぽう強いランドパワーの大国としての伝統なのかもしれません。

難攻不落のハートランド

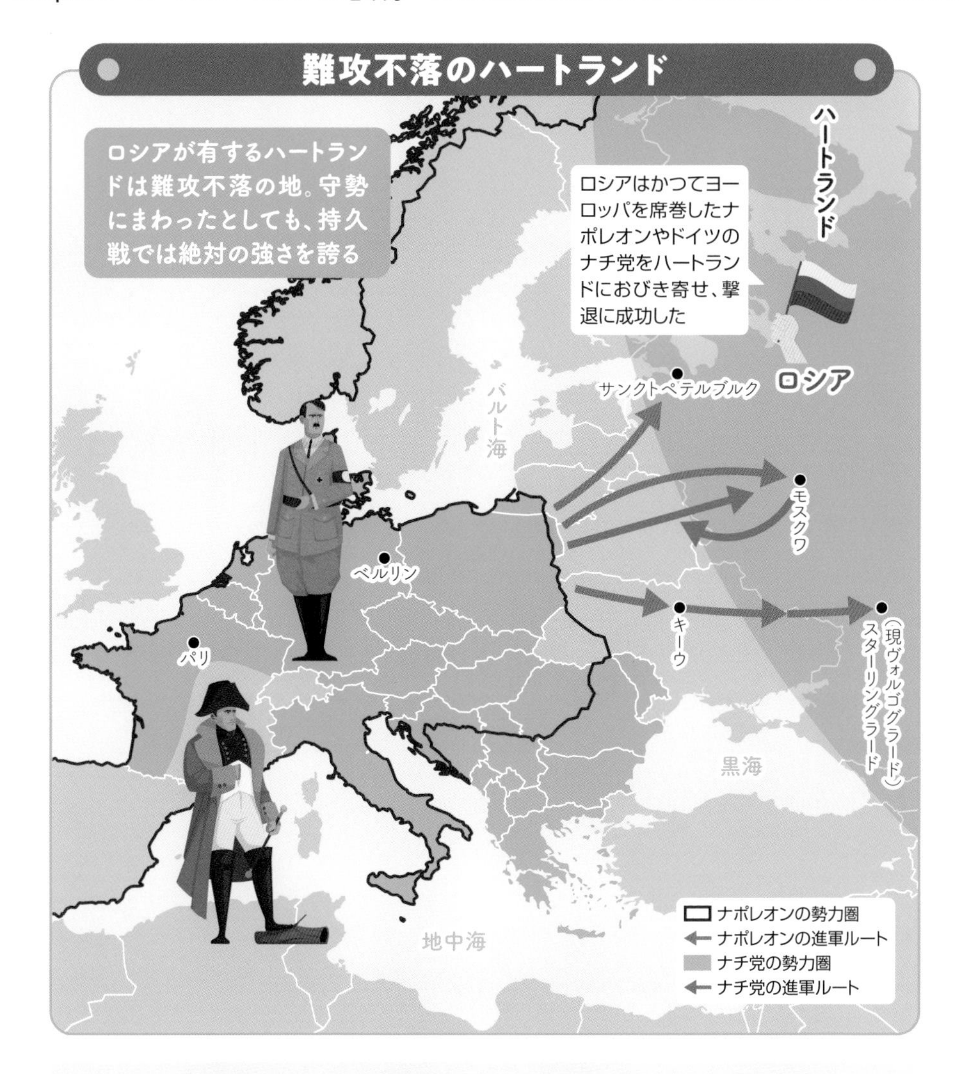

Column 限界に近づくウクライナ軍

ウクライナ軍はロシア軍の圧倒的な兵力と物量の前に大苦戦しています。頼みの綱だった欧米からの支援は、侵攻開始から2年を過ぎて停滞。各国とも「支援疲れ」が顕著で、砲弾などを十分に供与できていません。さらに兵力不足も深刻で、ウクライナ軍は限界に近いともいわれています。欧米からの追加支援によりウクライナ軍の巻き返しはあるのかどうか、今後の世界はどうなるのかが注目されます。

ヨーロッパ・ロシア

ロシアの多正面対応

旧ソ連圏は火薬庫だらけ？ 3正面、4正面への対応を迫られるプーチン政権

要点解説！

ロシアが警戒するのはNATOに接近する西部だけではありません。カフカス地方や中央アジアにも不穏な動きがあり、多正面対応を強いられています。

巨大国家ゆえの宿命

世界最大の面積を有するロシアは16ヶ国と国境を接しており、周辺国対応が重大な問題となっています。現在、西部のウクライナと交戦していますが、敵対勢力と対峙しなければならない地域が次第に増えているのです。

まず北西部に位置するフィンランドです。ウクライナに侵攻したことにより、身の危険を感じたフィンランドとスウェーデンがNATOに加盟。ロシアが強く警戒してきたNATOの拡大を自ら招いてしまったのです。

次に「ロシアの裏庭」と呼ばれるカフカス地方が挙げられます。黒海とカスピ海の間のカフカス山脈沿いに位置し、多様な民族・宗教の小国が集まっている場所です。いずれも旧ソ連の構成国で、1991年のソ連崩壊後にはチェチェン紛争、ナゴルノ=カラバフ紛争、南オセ

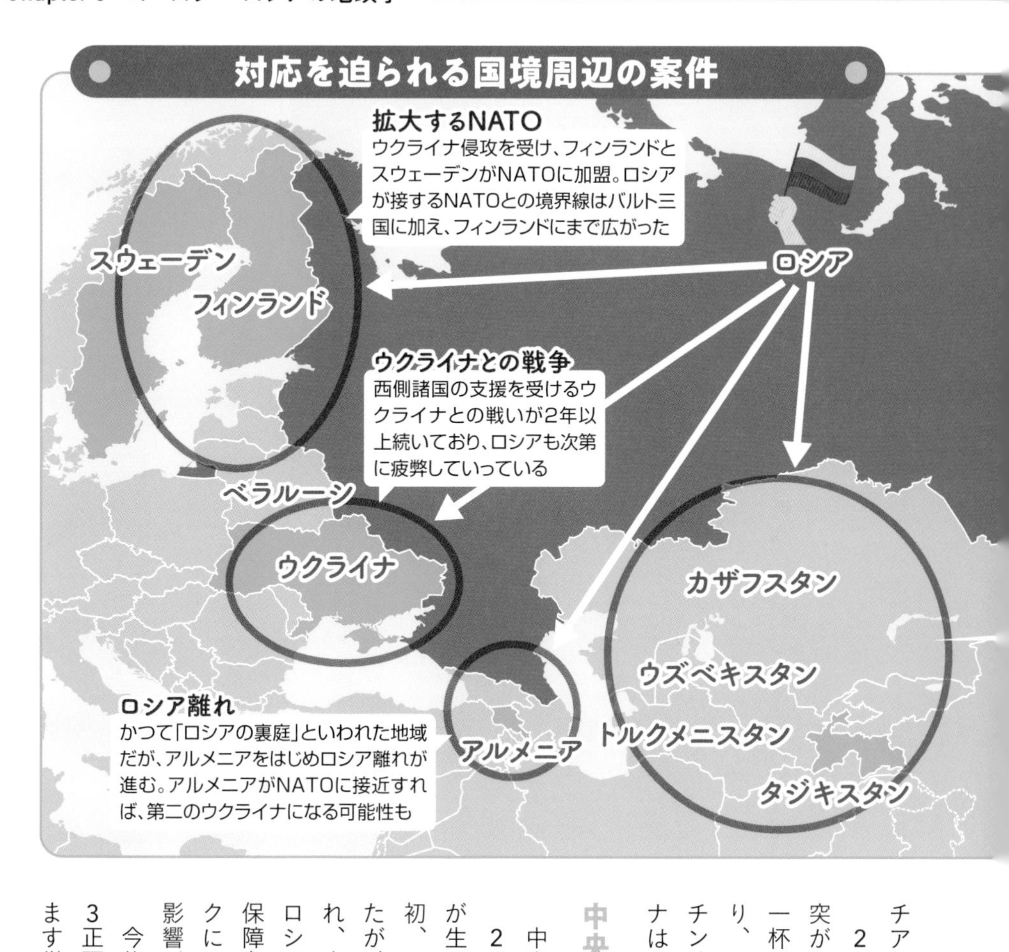

チア紛争といった民族紛争が起こりました。

2023年にはナゴルノ=カラバフで武力衝突が起こりましたが、ロシアはウクライナに手一杯で関係の深いアルメニアを見捨てる形になり、同国のロシア離れが加速。その動きにプーチン政権が不快感を示しており、次のウクライナはアルメニアではないかといわれています。

中央アジアにも警戒が必要に

中央アジアへの警戒も必要になりました。

2024年3月、モスクワ郊外で銃乱射事件が生じ、140人以上の犠牲者が出ました。当初、ロシア政府はウクライナの関与を報じましたが、実際はIS（イスラーム国）の仕業とされ、実行犯はタジキスタン出身でした。同国はロシアが主導する軍事同盟CSTO（集団安全保障条約機構）に加盟する同盟国で、政府がバックにいるわけでもありませんが、一部にISの影響が及んでいることが明らかになりました。

今後、ロシアの対応がウクライナだけでなく3正面、4正面となれば、プーチン政権はますます厳しい舵とりを強いられます。

EUの拡大と課題

次第に大きくなり一体化するヨーロッパ。際限のない拡大は是か非か？

要点解説！

拡大を続けるEUは政治・経済的に結束し、ロシアに対抗しています。しかし、域内の経済格差や移民・難民問題など課題も多く存在します。

「半島」の国同士で形成した共同体

EU（欧州連合）は「ヨーロッパをひとつにする」という理念のもとにつくられた共同体です。1967年に発足したEC（欧州共同体、原加盟6ヶ国）を前身として創設され、東西冷戦後の1993年に12ヶ国から成るEUへと発展。その後、次第に加盟国を増やしていき、現在は27ヶ国まで拡大しています。当初の目的はアメリカに対抗する経済圏の構築でしたが、地政学的な意味合いも含まれていました。

地政学ではユーラシア大陸を「世界島」といい、文字どおり巨大な「島」とみなします。その島の西側に位置するヨーロッパは、3方向が海に面しているため、「半島」に見立てられます。半島にある国はシーパワーを得られますが、陸側、すなわちロシアからの攻撃には逃げ場がありません。そこで西欧諸国はロシア（＋旧東側諸国）のランドパワーを封じ込めるため、協調関係を築いたのです。

拡大路線は正しかったのか？

EUが形成されたことでロシアというランドパワー大国の脅威は取り除かれ、政治・経済の関係性は深まりました。しかし、新たに生じた問題も見逃せません。

ひとつはEU内の経済格差。西欧諸国と南欧、東欧諸国との格差が埋まっていません。それにより一国の財政危機が域内全体に影響を及ぼし、危機が連鎖する恐れがあります。

移民・難民問題も深刻です。東欧や中東、アフリカなどで紛争や貧困に悩む人々は政治的・経済的に安定している西欧諸国を目指してやってきますが、その受け入れが負担となります。

拡大路線を続けたことがよかったのか、このまま存続できるのか、先行きが注目されます。

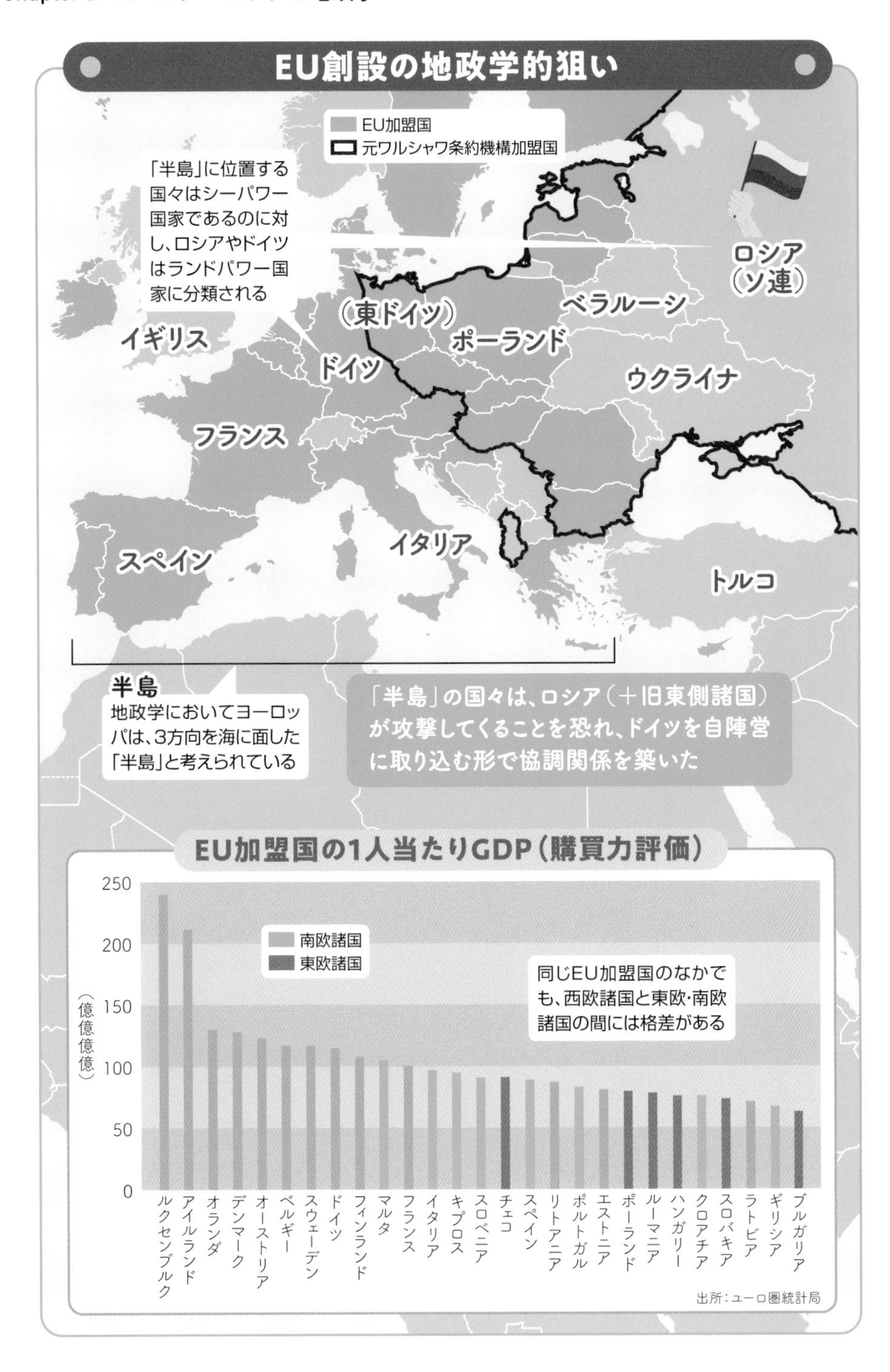

EU創設の地政学的狙い
EU加盟国
元ワルシャワ条約機構加盟国
「半島」に位置する国々はシーパワー国家であるのに対し、ロシアやドイツはランドパワー国家に分類される
ロシア（ソ連）
（東ドイツ）
ベラルーシ
イギリス
ポーランド
ドイツ
ウクライナ
フランス
イタリア
スペイン
トルコ
半島
地政学においてヨーロッパは、3方向を海に面した「半島」と考えられている
「半島」の国々は、ロシア（＋旧東側諸国）が攻撃してくることを恐れ、ドイツを自陣営に取り込む形で協調関係を築いた
EU加盟国の1人当たりGDP（購買力評価）
南欧諸国
東欧諸国
同じEU加盟国のなかでも、西欧諸国と東欧・南欧諸国の間には格差がある
（億億億億）
250
200
150
100
50
0
ルクセンブルク
アイルランド
オランダ
デンマーク
オーストリア
ベルギー
スウェーデン
ドイツ
フィンランド
マルタ
フランス
イタリア
キプロス
スロベニア
チェコ
スペイン
リトアニア
ポルトガル
エストニア
ポーランド
ルーマニア
ハンガリー
クロアチア
スロバキア
ラトビア
ギリシア
ブルガリア
出所：ユーロ圏統計局

ブレグジットの後遺症

史上初のEU離脱国となったイギリスは、その後どうなっているのか？

要点解説！

国民投票でEU離脱を選んだイギリスですが、その選択が景気の低迷をもたらしました。一部ではEU再加盟を求める声も上がっています。

一歩引いたところからバランスをとる

2020年1月、イギリスは国民投票の結果を受けてEU（欧州連合）を離脱しました。「ブレグジット（Brexit）」と呼ばれる出来事です。

この動きについて、地政学的にはイギリスの伝統的な外交政策であるオフショア・バランシングという戦略で解釈することができます。

島国のシーパワー国家であるイギリスは、オフショア（沖合）からヨーロッパの情勢を分析し、突出した強国が出現すると周辺国と協力して勢力均衡を図る戦略をとってきました。

20世紀前半、イギリスが覇権国であった時代にランドパワーのロシアやドイツが台頭した際には、この戦略で対処し、両国を抑え込んでいます。

1973年にはEUの前身であるEC（欧州共同体）に加盟しましたが、統一通過ユーロの導入を見送るなど一定の距離を維持。そして2020年、EU圏内の自由移動にともなう移民の増加や、EUに支払う拠出金の負担の大きさに不満をもち、ブレグジットを選んだのです。

離脱後に判明した誤算

ところが、EU離脱から4年を経て、ブレグジットは失敗だったという声が上がっています。

現在のイギリスは景気の低迷、記録的なインフレなどで苦境にあえいでいます。ブレグジットの影響により、最大の貿易相手であるEUとの取引が減少。FTA（自由貿易協定）を結んでいて関税は免除されるものの、通関手続きの手間が省けません。さらに移民を減らしたことによって運転手や看護師などの労働者が減ってしまい、人手不足が深刻になっています。

EUに再加盟させてほしい――。そんな嘆き節が聞かれる日も遠くないかもしれません。

沖合から大陸を観察する戦略

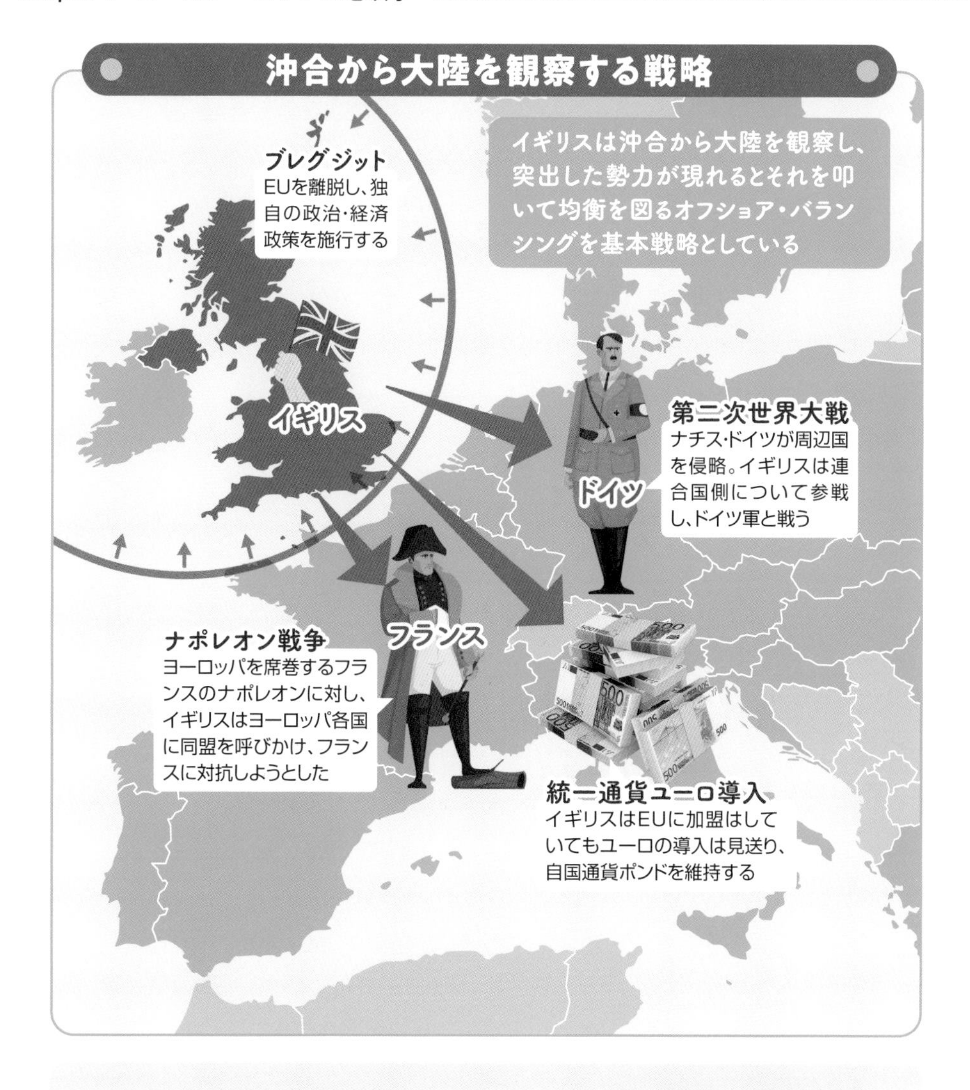

Column イギリスのトップが白人男性ゼロになった

かつてのイギリスは世界各地に植民地をもつ「太陽の沈まない国」でした。そのため古くから移民が多く、さまざまな人種・民族が共存しています。2024年にはイギリスを構成するウェールズの首相に黒人のゲシング氏が就任。中央政府のスナク首相（写真）はインド系、スコットランド自治政府はパキスタン系、北アイルランドは女性で、すべての首相職が非白人もしくは女性となりました。

移民・難民がもたらす社会の混乱

紛争国や貧困国から押し寄せる波がヨーロッパに混乱をもたらしている

要点解説！

ヒトには経済的に豊かな場所へ移動する傾向があります。中東やアフリカなどからヨーロッパを目指す移民・難民が現地に混乱をもたらしています。

経済的な豊かさを求める人や政治的混乱から逃れる人などが次々にヨーロッパへやってくる

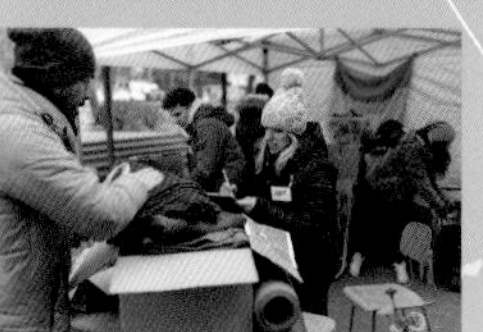
ウクライナ難民

アフリカ難民

中東から
アフガニスタン、シリア、イラク、そしてパレスチナなど、中東には政権による弾圧や戦乱などで政情不安な国が多く、命懸けで国境を越えてくる

シリア難民

移民・難民が地政学リスクを高める

ヨーロッパにおいて地政学リスクの要因となりがちなのが移民・難民の問題です。

ヨーロッパには経済的に豊かな国が多いうえ、EU圏内を自由に移動できることもあり、中東や北アフリカなどの周辺地域から、あるいはヨーロッパ内の貧しい地域から裕福な国を目指して、多くの移民・難民がやってきます。

そうした移民・難民の受け入れは、えてして景気や治安の悪化につながりやすく、彼らの排斥を訴える極右政党の台頭やテロの増加といった社会不安を招く傾向にあります。そのため、各国とも対応に苦慮しているのです。

移民・難民のなかで目立つのは中東やアフリカの出身者。たとえばシリア内戦、アフガニスタンのターリバーン政権による弾圧など政治的混乱から逃れてきた人々、飢餓や干ばつに苦し

み、豊かさを求める人々です。数十人規模でボートに乗り、地中海を不法越境してくるケースも少なくありません。イスラーム教徒がキリスト教と民主主義に救いを求めているともいえます。

最近はウクライナからの避難民も増えています。ロシアによる2022年の侵攻以降、多くのウクライナ人が東欧諸国やドイツなどに逃れ、その数は2024年2月時点で約650万人にのぼるといわれています。

受け入れ側の苦悩

積極的に移民・難民を受け入れてきたドイツには、約1200万人の難民が生活しています。2015年にはシリアなどの紛争地域からの難民約90万人を受け入れました。

当初は彼らを労働力として雇用すれば人手不足が解消されると考えられていました。しかし、実際には字の読み書きさえできない人々も多く、雇用できたのはごく一部で、かえって巨額の財政負担を強いられることになりました。

受け入れ国の多くは、これと同様の悩みを抱えています。

スイス――中立国という存在

大国に囲まれた小国スイスが中立の道を選んだ経緯とは？

要点解説！

スイスは中立政策によって長く生きながらえてきました。周辺の大国に緩衝地帯としての役割を認められることで存続を許された側面があります。

中立政策を転換した北欧の2ヶ国

ロシアによるウクライナ侵攻に示されるように、ヨーロッパで地政学リスクが高まっています。ロシアの隣国のフィンランドやスウェーデンは長年にわたり外交・軍事的中立を保ってきましたが、ウクライナ侵攻を受けて中立政策を転換し、NATO（北大西洋条約機構）に加盟することにしました。

ヨーロッパの中立国といえば、スイスを想起する人も多いでしょう。スイスは条約などによって他国から中立国の地位を認められた永世中立国です。スイスの隣国オーストリアと中米コスタリカも永世中立国に分類されます。

18世紀前半に中立を正式承認された

スイスは17世紀半ばに独立しましたが、有力な産業がなかったため、傭兵輸出を国家事業として行うようになりました。しかし18世紀末にナポレオンが出現し、ヨーロッパを席巻したことで傭兵輸出が不可能に。破綻したスイスは、永世中立国の道を選択することにしました。

ナポレオン戦争が終わった1815年、ヨーロッパの国際秩序の回復を図ったウィーン会議において、オーストリアやプロイセン、フランスといった大国は、スイスが中立を保つことは自分たちにとって都合がよいと判断。山岳地帯のスイスを併合するより、緩衝地帯としておいたほうが軍事戦略上の役に立つとみなしました。そうした大国の思惑と中立を維持したいスイスの希望が一致し、永世中立国として正式に承認されたのです。

それ以降、スイスは中立を堅持してきました。しかし、ウクライナ侵攻後の経済制裁でロシアの金融資産を凍結したため、ロシアから「スイスは中立の地位を失った」と批判されています。

ヨーロッパ・ロシアの主な中立国

Column　スイスは傭兵国家

スイスは狭い土地柄ゆえ、労働人口が過剰になりがちでした。そこで国家事業として各地に傭兵を派遣しはじめたのです。16世紀にはローマ教皇ユリウス2世と傭兵契約を締結。それから現在に至るまで、バチカンはスイス人傭兵（写真）に守られ続けています。

ヨーロッパ・ロシア

北極圏の新航路をめぐる争い

地球温暖化がもたらした利権争い！　ロシアや中国の積極的な動きに注目が集まる

要点解説！

地球温暖化によって北極圏の氷が解け、新たな航路が出現。その利権を求め、ロシアをはじめとする沿岸国、さらに中国までもが動いています。

気候変動が新たな地形を生み出した

地政学とは「地理は変化しない」という前提で成立する理論であると説明しました（P10参照）。しかしながら、例外もあります。気候変動によって地形が変わり、政治・経済的な変化が起こりつつあるのです。

場所は北極圏。これまで地政学とは無縁だった氷の世界です。この地の氷が地球温暖化の影響によって急速に解けはじめ、北極海航路と呼ばれる新たな海路が誕生しようとしています。

北極海航路は、ロシア側に沿う北東航路と北米大陸側に沿う北西航路から成り、北東航路を使えばアジア・ヨーロッパの移動が従来の南回りルートに比べて約2週間も短縮できます。

軽減できるのは時間だけではありません。南回りルートでは政情の不安な中東や北アフリカを通りますが、北極海航路はその危険を回避することも可能です。さらに、北極海沿岸部や深海での資源開発も進められます。

ロシアがシーパワー国家になる？

北極海航路に最も積極的に関与しているのは、北極海に2万4000㎞以上の海岸線をもつロシアです。ロシアといえば不凍港を求めて南下政策を続けてきた歴史がありますが、北極海航路が本格的に開発されればその必要もなくなり、軍港や海運を整備して、従来のランドパワーに加えてシーパワーを手に入れることができます。

アメリカ、カナダなども北極海航路の開発に取り組んでいます。中国に至っては国土が北極海に面していないにもかかわらず、「氷上のシルクロード」として航路開発に資金や技術を投入し、一帯一路構想に組み入れています。

北極圏の利権争奪戦がどうなるか、この先の動きが注目されます。

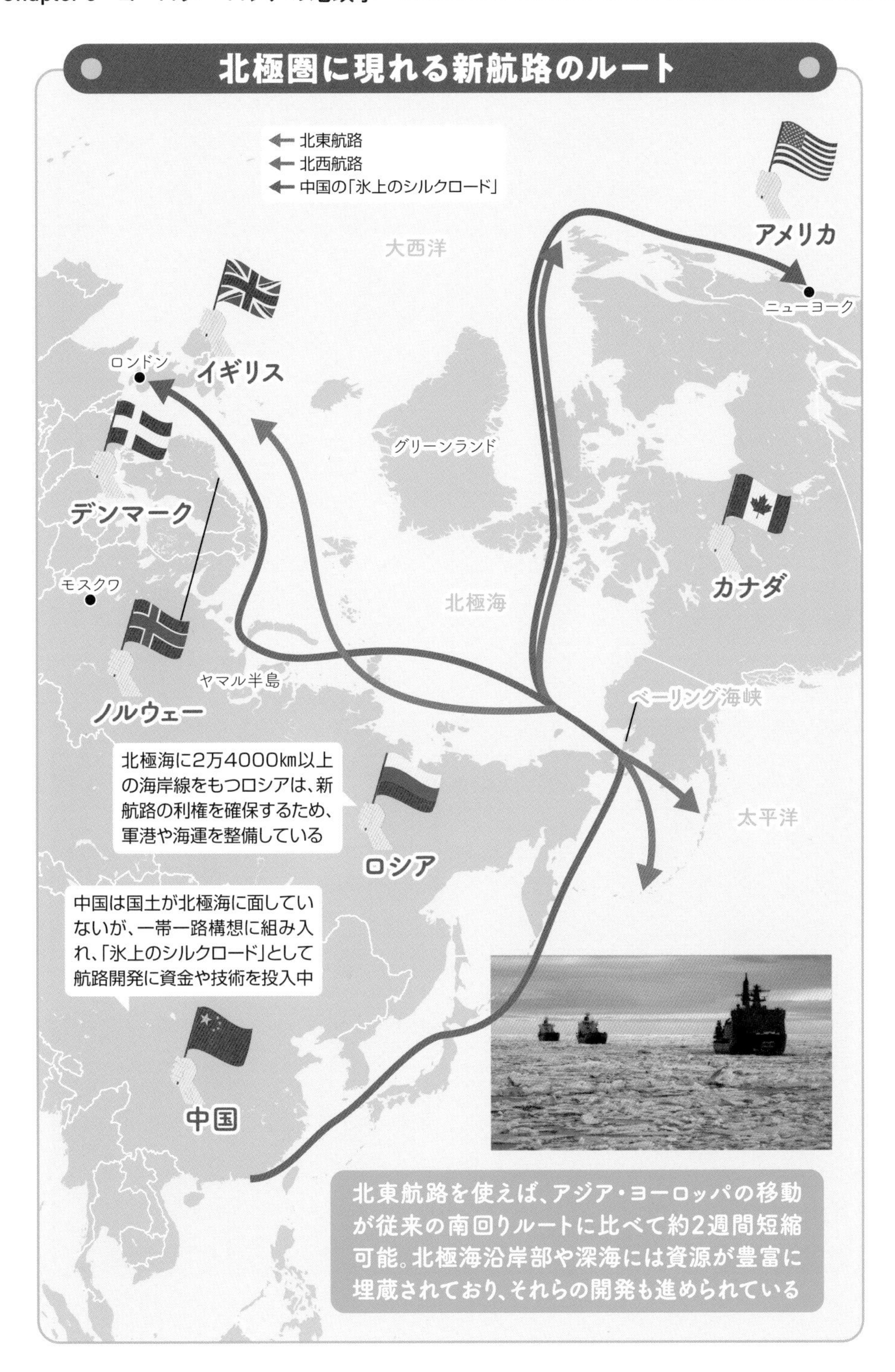
北極圏に現れる新航路のルート
北東航路
北西航路
中国の「氷上のシルクロード」
大西洋
アメリカ
ニューヨーク
ロンドン
イギリス
グリーンランド
デンマーク
カナダ
モスクワ
北極海
ヤマル半島
ノルウェー
ベーリング海峡
北極海に2万4000㎞以上の海岸線をもつロシアは、新航路の利権を確保するため、軍港や海運を整備している
ロシア
太平洋
中国は国土が北極海に面していないが、一帯一路構想に組み入れ、「氷上のシルクロード」として航路開発に資金や技術を投入中
中国
北東航路を使えば、アジア・ヨーロッパの移動が従来の南回りルートに比べて約2週間短縮可能。北極海沿岸部や深海には資源が豊富に埋蔵されており、それらの開発も進められている

新型コロナウイルスの感染拡大を機に露見したさまざまな地政学リスク

ロシアによるウクライナ侵攻やパレスチナ・ガザ地区の紛争など、風雲急を告げる現在の国際情勢ですが、その少し前に世界を揺るがす事件が起こっていました。新型コロナウイルスの大流行、いわゆるパンデミックです。コロナ・パンデミックが、直接的ではないにしろ、さまざまな地政学リスクを加速させたのです。

2019年12月、中国で新型コロナウイルスの発生が確認されると、ウイルスは世界中に拡散します。現代社会はグローバル化が進んでおり、ヒトやモノの移動が以前とは比べものにならないほど活発になっているため、瞬く間に蔓延してしまいました。

当初は地理的に隔たりのある日本や台湾、オーストラリア、ニュージーランドなどの島国は感染を抑えられていましたが、やがて抑えが効かなくなり、他国と同じような状況になりました。

各国でロックダウンが相次ぎ、経済成長が軒並み低下。アメリカのトランプ政権がウイルスの発生源となった中国を批判する一方、中国はグローバル化を進めてきた欧米諸国や日本、オーストラリアなどを批判し、世界は欧米を中心とするいわゆる自由主義陣営と、中国やロシアを中心とする権威主義陣営の対立が色濃くなっていきます。

そしてコロナ禍が明けはじめた頃、ロシアのプーチン政権がウクライナに侵攻したり、イスラエルによるパレスチナ・ガザ地区への攻撃が行われるなど、現在も世界の昏迷は続いています。

パンデミックが発生し、ロックダウンとなった中国・上海。権威主義的傾向の強い中国は、市民活動を徹底的に制限して感染拡大を防ごうとした

Chapter 4

中東の地政学

中東は、紛争やテロが相次ぐ地政学リスクの高い地域。
多くの民族・宗教が入り乱れ、複雑な構図になっていますが、
サウジアラビア、トルコ、イラン、イスラエルなどの
地域大国を中心に見据えると理解が進みます。

写真・地図でわかる！

Chapter 4

中東の地政学

イスラエルによるガザ侵攻

「世界で最も解決が難しい紛争」

宗教的に異なるユダヤ人とアラブ人が争うパレスチナ紛争は開戦から80年近く経っても、まったく解決の糸口が見えてきません。現在はイスラエルによるガザ地区への大規模な侵攻が続いており、多くの一般市民が犠牲になっています（▶P96）

イランとサウジアラビア、イスラエルの対立

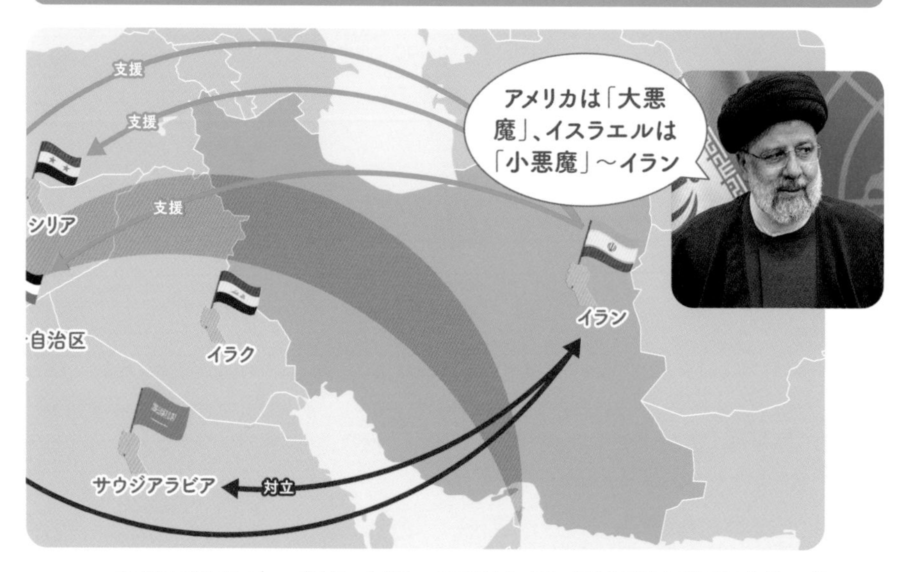

イランはペルシア人、イスラーム教シーア派の国。スンナ派大国サウジアラビアやユダヤ人の国イスラエルとは犬猿の仲で、各地で代理戦争を繰り広げてきました（▶P98）

トルコの全方位外交

ヨーロッパとアジアの分岐点に位置するトルコは、広い視野で世界を見ることができます。そして各国を天秤にかけて実利をとる外交術を得意としています（▶P100）

終わらない シリア内戦

政府軍と反政府勢力による内戦が10年以上続いているシリア。アメリカやロシア、イラン、トルコなどが介入して代理戦争の様相を呈しており、国民は疲弊しきっています（▶P106）

サウジアラビアの 脱石油政策

サウジアラビアといえば石油大国ですが、将来を考えると石油に頼り切りではいけません。そこで観光やスポーツを産業化するなどして、新たな未来を見据えています（▶P104）

クルド人の独立国家建設問題

クルド人は自分たちの領土を大国に分割され、複数国にまたがって生活しています。独立国家の建設が実現する日はやってくるのでしょうか?（▶P108）

地政学で見る中東
中東接近
アメリカの中東離れを横目に、中国はこの地域での存在感を高めている
中国
アフガニスタン
政情不安
米軍撤退後、ターリバーンが復活し、イスラーム原理主義にもとづく強権政治を行っている
ホルムズ海峡
イランとアラビア半島の間に位置し、ペルシア湾と外海をつなぐ石油輸送の要衝。ここが封鎖されると、世界経済が大打撃を受ける
インド洋
アメリカ
中東離れ
アメリカは近年、自国が世界有数の産油国となったこともあり、中東への関心を低下させつつある。財政負担の大きさから、アフガニスタンやイラクから駐留軍を引き揚げた

有力国❶
非アラブ人の大国。EU(欧州連合)加盟を望んでいるが、ロシアとも関係が深い
ロシア
中東接近
中国同様、ロシアもこの地域への関与を強めようとしている
黒海
有力国❸
アラブ人、イスラーム教が多数を占める中東において、ユダヤ人が建国した親米の国。周辺国と諍いが絶えない
トルコ
カスピ海
有力国❷
サウジアラビア、イスラエル、アメリカなどと対立する大国。核開発疑惑もある
シリア
イラク
イスラエル
地中海
イラン
パレスチナ自治区
クウェート
ペルシア湾
パレスチナ紛争
「世界で最も解決が難しい紛争」。80年近く続いており、現在もイスラエルによるガザ侵攻が行われている
カタール
紅海
サウジアラビア
アラブ首長国連邦
有力国❹
オイルマネーで潤う中東の盟主。親米でイランとは犬猿の仲
産油国が多い
サウジアラビア、イラン、アラブ首長国連邦、カタールなど、石油や天然ガスを豊富に埋蔵する国が多く、そのオイルマネーが世界経済に大きな影響力を及ぼす
イエメン
高い地政学リスク
紛争やテロなどが絶えず、イランとサウジアラビア、イランとイスラエルなど大国同士の軋轢も多い。ほかよりも地政学リスクの高い地域といえる

中東

イスラエルによるガザ侵攻

殺戮が続くパレスチナ・ガザ地区　イスラエルがハマスへの攻撃をやめない理由

要点解説！

パレスチナ・ガザ地区は「天井のない監獄」と呼ばれる封鎖地区。イスラエルの締め付けがハマスの暴発を生み、大規模侵攻へとつながりました。

最大規模のテロと徹底報復

2023年10月7日、パレスチナのガザ地区を実効支配するイスラーム組織ハマスは、ロケット弾でイスラエルを攻撃。それと同時にガザを取り囲む壁やフェンスを破って越境攻撃を仕掛け、外国人を含むおよそ1200人を殺害し、約250人を拉致しました。

この過去最大規模のテロ攻撃に対し、イスラエルのネタニヤフ政権はハマスの殲滅(せんめつ)を掲げて、ガザへの空爆と地上侵攻を実施します。激しい戦闘の結果、わずか2ヶ月半で死者は2万人を超え、全住居の半分以上が破壊されました。

戦局はイスラエル軍の圧倒的優位に進んでいますが、イスラエルは国際社会から「ジェノサイド（大量虐殺）」と批判されています。一般市民の犠牲者が増え続け、幾度も自重を求められていますが、攻撃の手を緩めません。

互いに譲れないパレスチナの地

第二次世界大戦後の1948年、イスラエルはユダヤ人国家としてパレスチナ人（アラブ人）が暮らす土地に建国されました。アラブ諸国は反発してイスラエルと戦争になりますが、アメリカの支援を受けたイスラエルには敵わず、4回の中東戦争で多くの領土を失ってしまいます。

現在では、ヨルダン川西岸とガザ地区でパレスチナ自治区を構成しています。西岸ではユダヤ人の入植が続き、全体の6割をイスラエルが支配。ガザでは種子島ほどの土地に200万人以上が暮らしており、周囲を壁に囲まれているため、「天井のない監獄」と呼ばれています。

パレスチナ人にとっては〝奪われた土地〟。一方、イスラエル人にとってはユダヤ人の歴史的・宗教的聖地。互いに譲れない土地であるため、解決が極めて難しくなっているのです。

イスラエルとハマスの対立の構図

ハマスの奇襲攻撃に対するイスラエル軍の報復攻撃は、ハマス殲滅作戦へと発展。多くの市民を巻き込みながら戦闘が続く

アメリカ
バイデン政権
アメリカは親イスラエルの立場をとり、軍事援助を実施。国連の停戦決議も拒否。背景には、アメリカ社会への強い影響力をもつユダヤ系アメリカ人の存在があるといわれる

後ろ盾

イスラエル
ネタニヤフ政権
ハマス殲滅を目指し、ガザ地区への攻撃を続ける。一般市民も多数犠牲になり、国際社会から批判を受けるが、攻撃をやめない

攻撃

トルコ
シリア
レバノン
イラク
パレスチナ自治区
ヨルダン
エジプト
サウジアラビア

イラン
イラン政府
イスラエルやアメリカと対立するイランは長年、ハマスを支援しており、武器を供与するなどしている

支援

ガザ地区

ハマス
ガザ地区を実効支配するイスラーム組織。イスラエル軍との戦力差は明らかだが、地下に潜伏するなどしてゲリラ戦を続ける

種子島ほどの土地に約200万人が暮らしている

エレズ検問所
ガザ市
ガザ渓谷
約40km
地中海
イスラエル
ハンユニス
ラファ検問所
ケレム・シャローム検問所

中東

イランとサウジアラビア、イスラエルの対立

サウジアラビア、イスラエルと敵対するイラン。地域大国は何を狙っているのか？

要点解説！

イランは中東では民族・宗派が異質の国で、イスラーム革命の輸出を大義としています。それが周辺国と軋轢を生み、各地で衝突を繰り返しています。

各地で火の粉を振りまくイランが中東の不安定化の要因となっている

イラン

協調

ロシア
中国

西側諸国と対立するロシアや中国とは協調関係にある

革命の輸出

イランは各地の反政府組織、民兵組織などに武器供与や軍事訓練を施したり、革命防衛隊（写真）を派遣したりして勢力拡大を図る

イランは中東では異質の国

中東情勢を不安定なものにしている要因のひとつに、イランという大国の存在があります。

そもそもイランはアラブ人ではなく、ペルシア人が多数派の国。宗教的にもイスラーム教の主流であるスンナ派（スンニ派とも）ではなく、少数派であるシーア派の国です。1979年、シーア派の高位聖職者ホメイニが親米路線の国王パフレヴィー2世から政権を奪取し、現在のイラン（イラン・イスラーム共和国）を建国しました。これをイスラーム革命といい、革命と自国の影響力を波及させる「革命の輸出」という戦略をとりました。

その対策はペルシア湾の対岸に位置するアラブ人のスンナ派大国サウジアラビアにも及び、両国はイラク、シリア、レバノンなどで代理戦争といえるような戦いを繰り広げてきたのです。

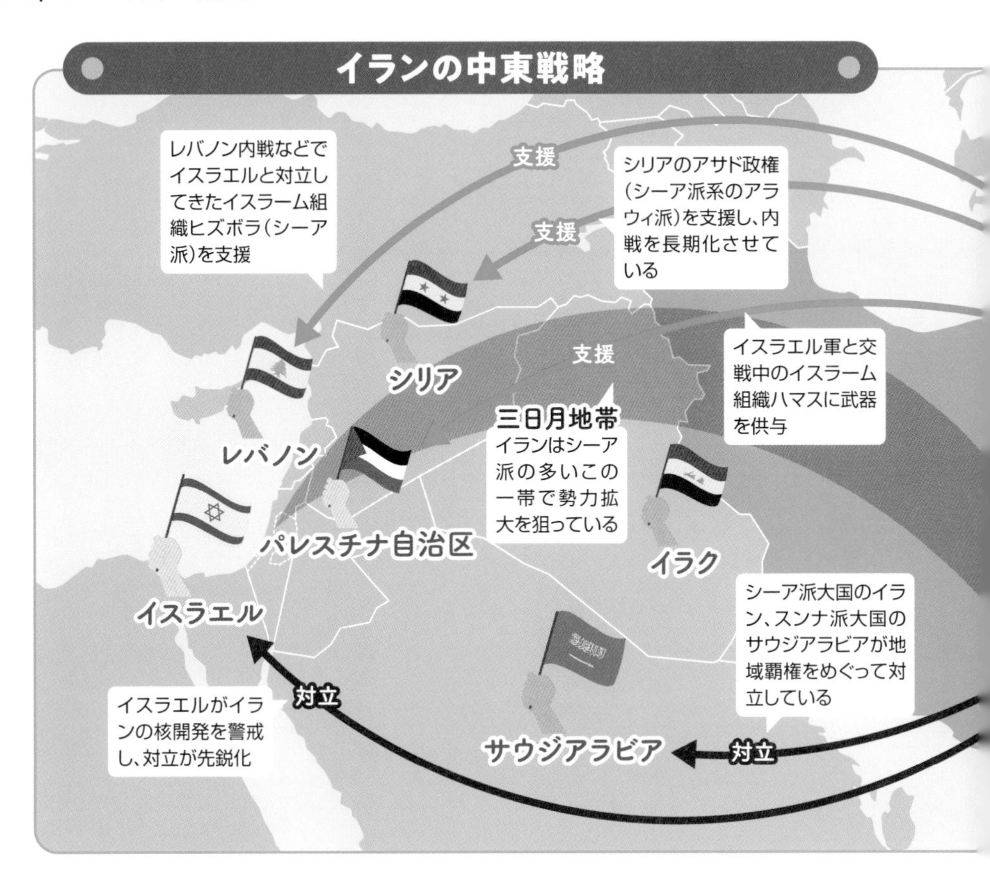

イスラエルとは犬猿の仲

イランはサウジアラビアだけではなく、イスラエルとも犬猿の仲で、激しく対立しています。

イスラーム革命後、イランは王制時代にイランを傀儡化していたアメリカを「大悪魔」、聖地イェルサレムを奪ったイスラエルを「小悪魔」と呼び、その打倒を国是とするようになりました。そしてイスラエルに対しては、どの国より攻撃的な姿勢をとってきました。たとえば、レバノン内戦では同国のシーア派系反イスラエル組織ヒズボラを支援し、シリア内戦ではシーア派の一派であるアラウィ派のアサド政権を支援。さらに現在、イスラエル軍と激戦を繰り広げているパレスチナ・ガザ地区のイスラーム組織ハマスを支援してきたのもイランです。

イランは各地の反政府組織、民兵組織などに武器供与や軍事訓練を施すことで自分たちの勢力拡大を狙うやり方をとります。それが中東を不安定化させる要因のひとつです。アメリカはそんなイランを「テロ支援国家」に指定したり、「悪の枢軸」と呼んだりして非難しています。

トルコの全方位外交

西側にもロシアにも偏りすぎない絶妙なバランス。現実主義を貫くトルコの賢さ

要点解説！

トルコの外交術は傑出しています。西側にもロシアにもパイプをもち、全方位を見渡して最適解を得る現実主義の外交を行っています。

地政学では超重要な国

ヨーロッパとアジアにまたがるトルコは、地政学において非常に重要な場所です。東西冷戦時代には西側陣営に「社会主義の防波堤」と位置づけられ、イスラーム教徒が多数派の国であるにもかかわらず、NATO（北大西洋条約機構）に組み込まれました。

そうした位置づけにあることから、トルコの動きは国際社会で常に注目されます。しかし、トルコはどの陣営にもつくことなく、各陣営を天秤にかけながら、したたかな外交を展開しています。

全方位を見渡して実利をとる

トルコを率いるエルドアン大統領は当初、ヨーロッパ方面を向いており、EU加盟に積極的でした。しかし、欧州議会がイスラーム教の国の加盟を歓迎せず、少数民族のクルド人に対する弾圧を問題視していることで、EU加盟はいつまで経っても実現しません。

そこでトルコはヨーロッパから距離を置き、ロシアに接近。ロシア製兵器を購入するなどして、プーチン大統領と関係を深めます。ウクライナのゼレンスキー大統領ともパイプをもっているため、ウクライナ侵攻に際しては調停役を買って出て、国際社会での存在感を高めました。

一方、NATO加盟を申請したフィンランドとスウェーデンに対しては一度反対の意思を示した後、クルド人武装勢力を支援しないなどのトルコに有利な条件を引き出したうえで、両国の加盟を認めています。またガザ侵攻の際には、イスラエルに怒りのメッセージを発することにより、イスラーム世界の支持を得ました。

全方位を見渡して実利をとるトルコの外交術は、どの国でもできるものではありません。

実利最優先の外交術

Column 異民族や異教に寛容だったオスマン帝国

パレスチナの地で長く対立を続けているユダヤ人とパレスチナ人（アラブ人）ですが、オスマン帝国時代は民族・宗教をめぐる大きな争いはなかったとされています。広大な領域を統治していたオスマン帝国は、ナショナリズム（民族主義）をもたず、異民族や異教、異文化に寛容でした。そうした緩やかな支配のもとでは、争いの火種が生まれるケースは稀だったのです。

カタールの仲介外交

ただの資源大国ではない！ 小国カタールが中東情勢のカギを握る

中東

要点解説！

カタールは天然ガスで潤っていますが、小国ゆえ、仲介外交を生き残りの術としています。米軍からハマスまで、幅広いコネを有するのが強みです。

オイルマネーで潤う富裕国

トルコと同じように多方面にコネクションやパイプをもち、中東の地政学においてフィクサーのような役割を担っている国がカタールです。サウジアラビアの東、ペルシア湾に突き出した秋田県ほどの大きさの半島国家です。

カタールの国土はほとんどが砂漠に覆われていますが、世界最大級の液化天然ガス（LNG）輸出国であり、首都ドーハは潤沢なオイルマネーによって近代都市へと発展。2022年にはサッカーW杯を開催しました。

どの国にも顔が利く

そのカタールは地政学的に難しい場所に位置する小国ゆえ、仲介外交を戦略とするようになりました。どの国にも肩入れしない外交方針をモットーとし、有事の際に交渉役を担うのです。

地図でカタールを見ると、中東の盟主とされるサウジアラビアに隣接し、ペルシア湾の対岸にはサウジアラビアと対立する大国イランがありますが、カタールは小国ながら、どちらかにベッタリということはありません。

また国内にイランが敵視するアメリカの米軍基地が置かれていますが、イランや中国、ロシアといった反米の姿勢を示す国とも関係をもっています。そればかりか、ターリバーン、ヒズボラ、ハマスなどのイスラーム組織ともパイプがあります。実はハマスは、ドーハに政治拠点を置いているのです。

そうした強みを活かし、2023年にイスラエルによるガザ侵攻が起こると、イスラエルとハマスの人質解放交渉を仲介。アメリカとイランの囚人交換でも、橋渡し役となりました。

カタールの仲介外交は、地政学上難しい立ち位置にある小国ならではの生存戦略なのです。

小国カタールの仲介外交

カタールの主なコネクション

国家

サウジアラビア
イランやイスラエルなどと対立

イラン
サウジアラビアやアメリカ、
イスラエルとなどと対立

パレスチナ
イスラエルと対立

イスラエル
アラブ諸国、イスラーム世界と対立

ロシア
アメリカをはじめとする西側諸国と対立

イスラーム組織

ターリバーン
米軍撤退後、アフガニスタンの政権を奪取し、強権支配を実施

ヒズボラ
レバノンを拠点とする武装勢力。
イスラエルと抗争を繰り広げる

ムスリム同胞団
エジプトで結成されたイスラーム組織。
1960年代から支援を続けている

ハマス
パレスチナ自治区のガザ地区を実効支配し、
現在はイスラエル軍と交戦中

中東

サウジアラビアの脱石油政策

オイルマネー頼みの国家運営はもう終わり。世界最大の石油大国が進める新政策

要点解説！

オイルマネーに頼り切りでやってきたサウジアラビア。近年は石油依存を改め、経済の多角化を進めようとしています。

ガワール油田
この国内最大のガワール油田をはじめ、多くの油田が点在。オイルマネーが経済を回している

観光化政策
観光産業やスポーツ産業にも注力。観光ではテーマパーク（写真）をつくるなどして、外国人観光客を集めている。2023年の外国人観光客数は2740万人で前年比65%増。スポーツもサッカーで有名選手を多数連れてきて話題になっている

「脱石油」の国家像を描く

サウジアラビアが中東の盟主として認知されている要因としては、メッカとメディナというイスラーム教の二大聖地があることや、数多く存在するアメリカの軍事施設に米軍が長年駐留してきたことなどが挙げられます。さらにもうひとつ、中東屈指の経済力の源泉となる石油の存在に言及せずにはいられません。

現在のサウジアラビアは、世界第2位の産油国です。1932年の建国前は遊牧民が暮らす自給自足の貧しい地域でしたが、1938年にアメリカの石油会社によって油田が発見されると、オイルマネーで国が一気に潤ったのです。

そしてアメリカは石油利権を得るため、サウジアラビアと緊密に連携。サウジアラビアはアメリカの軍事力で守られることになりました。両国は石油を通じて蜜月に至ったわけです。

新たな経済政策の成否は？

サウジアラビアはオイルマネーのおかげで豊かな生活を送ってきました。しかし長年、石油に依存しすぎたせいで石油以外の産業が育ちませんでした。また世界的に「脱炭素」が推進されていることや、将来的な枯渇を考えると、いつまでも石油に頼ってはいられません。

そこでサウジアラビアが2016年に打ち出した経済政策がビジョン2030です。

ビジョン2030が目指すのは、石油依存型経済から脱却し、投資や観光、製造、物流といった多角的な経済によって国家を運営すること。具体的には欧米型のテーマパークをつくって観光客を呼び込んだり、ヨーロッパで活躍する超有名サッカー選手を国内リーグに移籍させてスポーツビジネスを活性化させたりします。

また、イスラーム教の戒律にもとづいて禁止してきた女性の自動車運転を認めるなど、文化・慣習面の改革も進めています。

このプロジェクトの成否が、ほかの産油国にとっても指針となりうると注目されています。

中東

終わらないシリア内戦

シリア内戦がなかなか終わらないのは関与し続けるロシアに問題がある?

要点解説!

シリア内戦はアメリカ、ロシア、イランなどが介入してきて泥沼の惨劇となりました。政権を支えているのはシリアに軍港をもつロシアです。

1200万人以上が難民・避難民に

シリアで政府軍と反政府勢力による内戦がはじまってからすでに十数年が過ぎました。

2010年末、中東、北アフリカ地域で民主化運動「アラブの春」が起こると、シリアでは父子2代にわたり独裁を続けるアサド政権がデモ参加者を弾圧。政府軍と反政府勢力の衝突は大規模な武力紛争となり、そこにアメリカ、ロシア、トルコ、イランなどがそれぞれ思惑をもって介入してきました。さらにイスラーム過激派IS(イスラーム国)やクルド人武装組織なども参戦してきた結果、泥沼の内戦へと発展してしまったのです。

ロシアがアサド政権を支えている

この内戦ではロシア、イランはアサド大統領率いる政府側、アメリカ、サウジアラビア、トルコ、カタールなどは反政府側につきました。やがてアメリカが手を引いてしまい、反政府側は意気消沈。一方、ロシアは空爆をはじめとする軍事支援を継続しました。そのおかげで戦況は政府側の優位に展開し、アサド政権が現在も持ち堪えられているのです。

そもそもロシアは旧ソ連時代からシリアとの関係が強く、同国をロシア製武器の市場としていました。1970年代にはタルトゥース港にソ連海軍の基地が建設され、現在もロシア海軍が地中海唯一の補給港として利用しています。

また、ロシアにとってシリアはイランと並ぶ中東の貴重な友好国です。ロシアが中東で影響力を維持するためには、アサド政権が存続したほうが都合がよく、その意味でも軍事支援をやめるわけにはいきません。

シリア国民は独裁政権とその背後にうごめく大国に翻弄されているのです。

シリア内戦の複雑な構図
十数年続いた内戦はアサド政権の
勝利が確実視されるようになってきた
ロシア
タルトゥース港、中東における影響力維持のため、アサド政権に倒れられるわけにはいかず、軍事支援を行う
トルコ
イドリブ
アレッポ
シリア
アサド政権
反政府勢力
クルド人勢力
その他
タルトゥース港
ダマスカス
地中海
ロシア海軍の補給基地がある
イラン
アサド大統領はシーア派系のアラウィ派ということもあり、積極的に支援
イラク
反政府勢力を支援しているが、クルド人勢力は攻撃
支援
支援
支援
反政府勢力
対立
アサド政権
アサド政権打倒を掲げる諸勢力が連携。クルド人勢力も加勢している。当初は戦局を優位に進めたものの、アメリカの支援を受けられなくなり、劣勢に立たされている
現大統領の父の代にクーデターで政権を握り、独裁を続ける
カタール
サウジアラビア
反政府勢力を支援する一方、アラブ連盟首脳会議にアサド大統領を招待
支援
支援
反政府勢力にとって最大の支援国がカタール

中東

クルド人の独立国家建設問題

「国をもたない世界最大の民族」が中東における大きな地政学リスクに！

要点解説！

クルド人が暮らしていたクルディスタンは、列強の国境策定により複数国に分断されました。少数派となったクルド人は独立を求めて動いています。

各国にまたがって暮らす遊牧民

国をもたない世界最大の民族――。そう呼ばれるのが、世界で2500万から3000万人存在するといわれるクルド人です。

クルド人はトルコ、シリア、イラン、イラクなどにまたがる山岳地帯（クルディスタン）に暮らす遊牧民で、そのほとんどがイスラーム教スンナ派です。全体の人口規模は大きいのですが、各国に分散しているため、どの国でも少数派となり、差別や弾圧にさらされてきました。

そうしたなかから、1978年にクルド労働者党（PKK）が結成され、要人へのテロ攻撃などを実施。クルド人の難民も多く、現在はその存在が地政学リスクとみなされているのです。

オスマン帝国解体後の悲劇の歴史

クルド人はオスマン帝国時代、クルディスタンで生活を送っていました。しかし、第一次世界大戦でオスマン帝国が敗れると、後継国のトルコ共和国（現在のトルコ）は、旧帝国領にクルド人自治区を設ける約束を反故にしました。

さらに、クルディスタンは戦勝国のイギリス、フランス、ロシアの恣意的な国境確定によってトルコ、イラン、イラク、シリアなどに分断されてしまいます。クルド人は独立運動を起こすも鎮圧され、分断されたまま、今も各国でマイノリティとしての生活を続けているのです。

クルド人が独立国家を建設するとなれば、トルコなどの領土が失われるため、当該国は断固反対の立場を崩しません。2017年にはイラク北部のクルド人自治区が独立を図りましたが、イラク政府や国際社会に認められませんでした。

しかし、クルド人の国家建設への意志は強く、PKKはトルコなどで爆弾テロを継続。クルド人問題は中東の課題のひとつとなっています。

分断されたクルディスタン

Column　日本人とクルド人の軋轢（あつれき）

埼玉県川口市と蕨（わらび）市には3000人ほどのクルド人が住んでいるといわれています。彼らの多くはトルコ国籍で、弾圧を逃れて来日しましたが、日本では難民の認定基準が厳しく、「仮放免」の立場で解体業などの仕事をして暮らしています。しかし、最近はコミュニティの拡大にともない、地元住民との軋轢が表面化。外国人差別問題にも発展し、事態は深刻化しつつあります。

中東

中東の新たなパワーバランス

アメリカが離れ、中ロが影響力を拡大。今後の中東情勢はどうなるのか？

要点解説！

アメリカが中東への関心を低くしたことを受け、中国が中東に近づいてきました。中国はこの地への影響力を強めることに躍起になっています。

中国が中東の政治地図を塗り替える？

オバマ元大統領による「アメリカはもはや世界の警察官ではない」宣言以降、アメリカの中東離れが進んでいます。それにともない、中東で新たな秩序が形成されようとしています。

2023年3月、中東の地域覇権を争うサウジアラビアとイランが中国の仲介を受けて7年ぶりの国交正常化に合意しました。イスラーム教スンナ派の親米国サウジアラビアとシーア派の反米国イランは、ことあるごとに対立。シリアやイエメン、イラクなどでは代理戦争のような状況を生み、中東を不安定化する大きな要因となってきました。その両国が、中国による水面下での斡旋（あっせん）によって歩み寄ったのです。

中東からBRICS新加盟が4ヶ国も

さらに同年8月には、サウジアラビアとイランが、中国とロシアが主導するBRICSに加盟することが発表されました。それまでのBRICSはブラジル、ロシア、インド、中国、南アメリカの5ヶ国の新興国グループでしたが、サウジアラビア、イランのほかにアラブ首長国連邦、エジプト、エチオピア、アルゼンチンの6ヶ国が新たに参加することになりました（アルゼンチンはのちに加盟申請を撤回）。

中国はBRICSをG7の対抗軸になる組織に育てようとしているといわれています。とすれば、中東4ヶ国の新規加盟に、中国のはたらきかけがあったことは想像に難くありません。

このようにアメリカの中東離れが進むなか、中国が経済面だけでなく政治面でも中東に接近し、その存在感を高めています。中国の影響力が増した中東のパワーバランスがどう変わり、地政学にどのような変化がもたらされるのか、今後が注目されるところです。

中東で影響力を増す中国
中東離れ
アメリカは「世界の警察官」を降りると宣言。自国でシェールオイルの開発が進んだこともあり、中東への関与を弱めている
中東
中国
アメリカ
中東への接近
中国はアメリカの動きを横目に、経済面のみならず政治面でも中東へ接近し、関与を強めている
中東の秩序が中国の接近によって変わろうとしている
非アラブ人(ペルシア人)
イスラーム教シーア派
反米国家
イラン
対立
関係正常化
仲介
エジプト
アラブ首長国連邦
サウジアラビア
アラブ人
イスラーム教スンナ派
親米国家
中国
長く対立してきた両大国を仲介し、2023年に関係正常化へと導いた

地政学は政治・外交・軍事だけでなく、経済での有用性も高い

地政学は政治・外交・軍事を分析する際に用いられることが多い学問ですが、経済を分析する際にも重要です。

わかりやすいのは物資輸送に絡んだ動きです。日本は石油輸入の大半を中東に頼っており、紛争などで海上交通の要衝であるホルムズ海峡やマラッカ海峡を通過できなくなってしまえば、日本経済は大打撃をこうむります。こうした地政学的視点をもって国際情勢を見渡すことが、これからのビジネスにおいて重要になってくるのです。

地理学と政治を組み合わせた地政学に対し、地理学と経済学を組み合わせた「地経学」という学問も存在します。英語では「geoeconomics（ジオエコノミクス）」といいます。

地経学とは、地政学的な課題を経済的な手法、経済的な力を用いて解決しようとするもの。20世紀後半、アメリカの国際政治学者ルトワックやフランスの経済学者ロロットらによって体系づけられました。独立した学問というよりも、地政学の一分野という位置づけです。

東西冷戦時代には地政学で軍事的分析がなされていましたが、冷戦が終わると軍事よりも経済が重視されるようになりました。そうしたなかで地経学が注目されはじめたのです。

もちろん、地経学だけで理解できる事象ばかりではありません。それでも地政学とともに現代の国際情勢を読み解くうえで不可欠なツールであることは確かでしょう。

地政学は政治・外交・軍事のほかに、経済を分析する際にも重要になってきています。

Chapter 5
日本の地政学

アメリカと中国が対立するなか、両大国に挟まれた形の日本。
ロシアや北朝鮮の脅威にもさらされており、
地政学的に難しい状況にありますが、
まずは現状把握が重要です。

写真・地図でわかる!

Chapter 5

日本の地政学

島国・日本の優位性

モンゴル軍を撤退させる

日清戦争で勝利!

日本は四方を海に囲まれているおかげで、外国の侵攻をほとんど受けずに済みました。例外は元寇（写真上）など数えるほどしかありません。逆に日本が海外進出した際には清との戦争（写真下）などで勝利しています（▶P118）

尖閣諸島をめぐる中国との対立

日本が中国と領有権をめぐって争っている尖閣諸島。中国は太平洋へ出ていく際の足がかりにこの地域を欲しています。実効支配しようとする中国に対し、日本は防衛姿勢を強めています（▶P120）

沖縄・米軍基地のもつ意味

設備・兵器の面で
最強の基地！

在日米軍基地の総面積の7割を占める沖縄。東アジアで紛争などがあった場合、沖縄からであれば即時対応が可能。主要都市を中距離弾道ミサイルの射程に収めることもできるため、沖縄・米軍基地は非常に重要な基地なのです（▶P122）

北方領土をめぐるロシアとの軋轢

ロシア領であることは確定済み
〜プーチン大統領

北方4島は日本の領土で、ロシアに不法占拠された状況になっています。ウクライナ侵攻で日本が対ロ制裁に加わったこともあり、日ロ関係は悪化。返還は極めて難しくなってしまいました（▶P124）

日本の中東・中国依存問題

日本経済は
中東の石油、
中国の資源への
依存度が高い

日本は資源の乏しい国。中東の石油（写真左）、中国のレアアース（写真右）などが輸入できなくなると、経済に大きな支障をきたします。そうならないよう、依存度を軽減するための施策が進められています（▶P126）

■地政学で見る日本

同盟国

覇権国のアメリカは、日本にとって太平洋を挟んだ遠い隣国。第二次世界大戦後に同盟関係を結び、シーパワーの国同士で中国やロシアのランドパワー勢に対抗

アメリカ

対米依存・対中依存

日本は安全保障を唯一の同盟国であるアメリカに頼っており、切っても切れない関係にある。一方、中国は日本にとって最大の貿易相手国となっている

太平洋

米中対立

日本は基本的なスタンスはアメリカ重視

北の脅威

日本との間に北方領土問題を抱えている。ウクライナ侵攻にともなう経済制裁に日本が参加したことにより、日ロ関係は悪化している

新興勢力

中国はランドパワーの国でありながら海洋進出を図っており、尖閣諸島問題などで日本と対立している

日本は防波堤

日本列島は中国やロシアが太平洋に出る際の"防波堤"になっている。中ロの艦船は日本列島があるため、海洋進出が容易でない

シーパワーへの変貌

近代以前

海外進出を企てたことは数えるほどしかなく、基本的には内向きのランドパワーの国だった

▼

近代以降

明治維新を機に海外進出をはじめる。やがて中国大陸に進出するとともに、太平洋の覇権を狙って第二次世界大戦でアメリカと戦う。当時はランドパワーとシーパワーを両立しようとしていた

▼

第二次世界大戦後

アメリカと同盟を結んでシーパワーの国となり、ランドパワーのソ連に対抗。現在もランドパワーの中国と対峙している

島国・日本の優位性

四方が海で発展したシーパワーの日本。そのアジアにおける重要性とは？

日本

要点解説！

日本は大陸と海で隔てられていることで大陸国家の脅威から逃れ、極東に位置するおかげで欧米列強の植民地化をまぬかれることができました。

天然の要害
日本海が天然の要害となり、大陸からの侵攻を阻んでくれた
中国大陸
日本海
明治維新以降の日本は大陸進出を企図。朝鮮半島を支配し、緩衝地帯として利用しようとした
朝鮮半島
日本
文化流入
大陸とはそれほど離れてもいないため、朝鮮半島を通じて先進的な文化を輸入することができた
太平洋

恵まれたシーパワー国家

日本の最も大きな地理的特徴は、四方を海に囲まれていることです。地政学的にみるとハートランドの周縁部のリムランドのさらに外側に位置し、シーパワーの国に分類されます。

島国であるおかげで、交通手段が帆船だけだった古代〜近世には、外国から攻められることがほとんどありませんでした。一方、大陸からさほど離れていないことにより、中国や朝鮮半島から進んだ文化を吸収できました。

この地理上の恩恵は近代以降も続きます。アジア諸国が欧米列強の植民地とされるなか、日本は「極東」に位置していたため、列強の脅威にさらされずにすみました。逆に明治維新以降は日本が国外に出ていき、強国ロシアとの緩衝地帯として朝鮮半島の支配を画策。そして、それによって対立した清（中国）との日清戦争で

勝利し、さらにロシアとの日露戦争にも勝って、日本は世界の強国となったのです。

しかしその後、日本はシーパワーとランドパワーを兼ね備えようと大陸進出を図った結果、日中戦争が起こり、それが泥沼化。太平洋戦争では、覇権国になりつつあったアメリカやイギリスと戦って惨敗しました。

冷戦下で防波堤の役割を期待された

戦後の日本はアメリカを盟主とする西側自由主義陣営とソ連や中国を中心とする東側社会主義陣営との東西冷戦構造に組み込まれます。そしてアメリカと締結した安全保障条約にもとづき、米軍を列島各地に駐留させました。アメリカはこうすることによって、中ソの勢力圏拡大に睨み（にら）を利かせようとしたのです。

日本は社会主義陣営に対するアジアの〝防波堤〟として扱われたわけですが、その見返りにアメリカの軍事力で守られたため、「奇跡」と呼ばれるほどの経済成長を実現。その繁栄はアジアの社会主義陣営に対する〝ショーウィンドウ〟にもなりました。

日本

尖閣諸島をめぐる中国との対立

中国が狙う東シナ海の小さな島々を日本が死守しなければならない理由とは？

要点解説！

中国は日本の領土である尖閣諸島の実効支配を目論んでいます。それによって海洋進出をスムーズにすることが狙いです。

中国が尖閣諸島を欲しがるワケ

沖縄・石垣島の北約170㎞に位置し、主に8島から成る尖閣諸島は、中国との間で領有権をめぐる係争地となっています。世界第4位の国土面積を誇る中国が小さな島々の領有にこだわるのはなぜなのか、理解に苦しむところですが、地政学的に考えると理由がわかります。

近年、中国は海洋進出を積極化し、シーパワーの拡大を目指しています。そのために沖縄本島から石垣島、台湾の東を通ってボルネオ島北西に至る第一列島線というラインを引き、ライン内を支配しようと考えています。

尖閣諸島は、その一方的にひかれたライン内にあります。また、近くの沖縄には米軍基地が存在しています。中国にしてみれば、尖閣諸島と沖縄の米軍基地が邪魔をして太平洋に出て行きにくい状況です。そこで中国は尖閣諸島を自国の領土にし、東シナ海を安全に航行できるようにしたいのです。

明治時代に編入した日本固有の領土

歴史を遡れば、日本は明治半ばの1895年に尖閣諸島を沖縄県に編入しました。しかし、1969年に周辺海域で原油や天然ガスの埋蔵が確認されたのを機に、中国と台湾が領有権を主張しはじめ、国際問題となったのです。

2000年代以降は、中国が日本の排他的経済水域の境界付近でガス田開発を開始。現在も中国海警局の艦船や漁船がしきりに尖閣諸島付近を航行し、領有権主張を続けています。

尖閣諸島を中国に実効支配されてしまえば、排除するのは容易ではありません。韓国に実効支配されている竹島の事例からもそれは明らかでしょう。だからこそ、日本側も断固たる姿勢で臨み、自国の領土を守る必要があります。

尖閣諸島のもつ意味

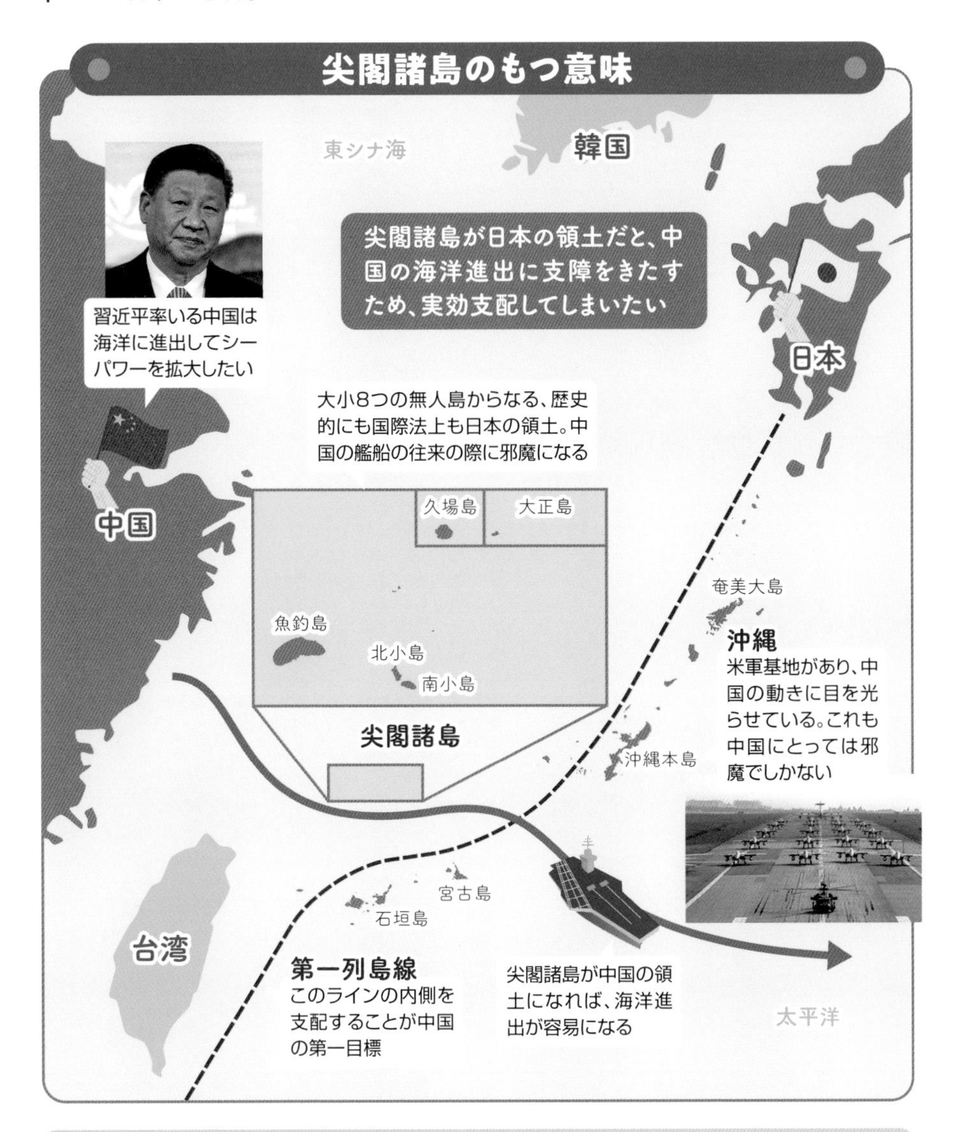

Column 中国船の威嚇行為が止まらない

尖閣諸島の周辺海域では、中国海警局の船（写真）による日本漁船への威嚇・挑発行動が後を絶ちません。海上保安庁の巡視船が警戒に当たっていますが、海警船には武器を搭載しているものもあり、強く出られないのが現実で、封じ込めは難しくなっています。

沖縄・米軍基地のもつ意味

圧倒的な優位性がここにある。極東有事の際にカギとなる米軍基地

日本

要点解説！

沖縄に軍の拠点があれば、極東地域で有事が起こった場合、即時対応が可能です。そのため、アメリカは在沖縄米軍基地を殊更に重視しています。

世界最高クラスの沖縄米軍基地

日本には計130ヶ所の米軍基地・施設が存在します。その総面積の7割を占め、設備面、兵器面で世界最高レベルを誇るのが沖縄です。

沖縄は太平洋戦争において日本唯一の地上戦の舞台となり、甚大な被害を受けましたが、戦後の東西冷戦下でアメリカから共産主義封じ込めのためのアジアの拠点とみなされ、多くの基地がつくられました。アメリカはアリューシャン列島から日本本土、沖縄、フィリピンと続くラインを「アチソン・ライン」と呼び、共産主義陣営に対する防衛ラインとしていたのです。

冷戦が終結し、ソ連が崩壊した後も、沖縄の米軍基地がなくなることはありませんでした。中国や北朝鮮などの脅威が残されたからです。

沖縄に米軍基地があれば、中国による台湾への武力行使や北朝鮮の暴発といった極東有事が起こった際、最前線の軍事拠点として機能させることができます。また、沖縄に射程3000～5500㎞の中距離弾道ミサイルを配備すれば、東アジア全域の主要都市を射程に収めることもできます。そうした意味で、沖縄の米軍基地は、いまなお極めて重要性が高いのです。

極東の平和に貢献するのが目的

日米安全保障条約の第六条に「極東における国際の平和及び安全の維持に寄与するため」と記されるとおり、在日米軍の役割は、日本の安全を守るためではなく、極東有事への対応に重点が置かれていることがわかります。

極東有事のなかでも最も危機が高まっているのが台湾有事。いざ勃発すれば、最大の米軍基地がある沖縄が先制攻撃を受ける可能性があり、日本も同盟国として軍事的な連携を緊密にする段階に入っています。

沖縄の完璧な地政学的条件

Column 海兵沿岸連隊＝MLRとは？

尖閣諸島の現状からもわかるように、日本にとっては今後、離島の防衛がより重要になってきます。そこで期待されるのがアメリカ軍の海兵沿岸連隊（MLR）。小規模かつ機動力の高い海兵隊の新部隊で、離島での有事に即応します。

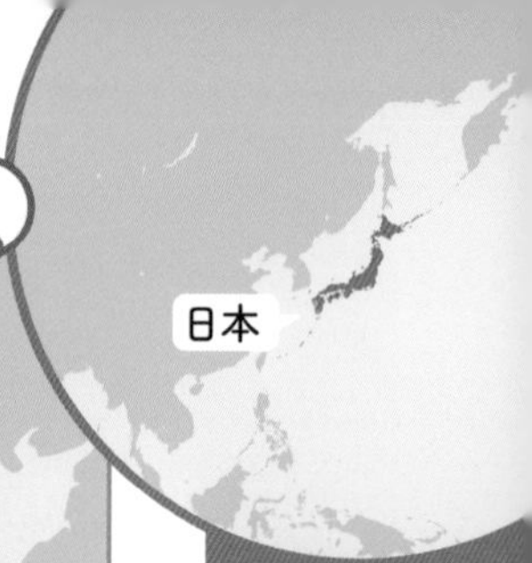

北方領土をめぐるロシアとの軋轢

不法占拠され続けてきた4島は、ロシアとの関係悪化で返還は絶望的

日本

要点解説！

北方領土に米軍基地がつくられたり、冬場に太平洋に出るルートが閉ざされたりすれば大損害。それゆえ、ロシアは返還を拒んでいます。

ロシアが北方領土の返還に応じないのは軍事的な理由が大きい

アラスカ　アメリカ

北方領土

ウルップ島

択捉島

国後島

色丹島

歯舞群島

理由❷

ロシア化が進んでおり、択捉島と国後島には軍事施設が設けられている。ロシアは返還した場合、アメリカに軍事利用されることを恐れている

不法占拠された日本の領土

２０２２年にロシアがウクライナに侵攻すると、日本は欧米諸国に歩調を合わせて経済制裁を課しました。その結果、完全に暗礁に乗り上げてしまったのが、ロシアとの間で続けられてきた北方４島（択捉島・国後島・色丹島・歯舞群島）の返還交渉です。

４島は正式な日本の領土です。しかし太平洋戦争末期の１９４５年８月８日、ソ連が日ソ中立（不可侵）条約を一方的に破って日本に宣戦布告。８月14日のポツダム宣言受諾後には、千島列島に侵攻を開始し、９月５日には４島を違法に占領しました。それ以来、４島は不法占拠され続け、ロシア化が進められているのです。

日本は戦後長らく４島の返還を要求してきました。その交渉のなかで「２島返還」などの譲歩案を提示し、ソ連（ロシア）側の態度を軟化

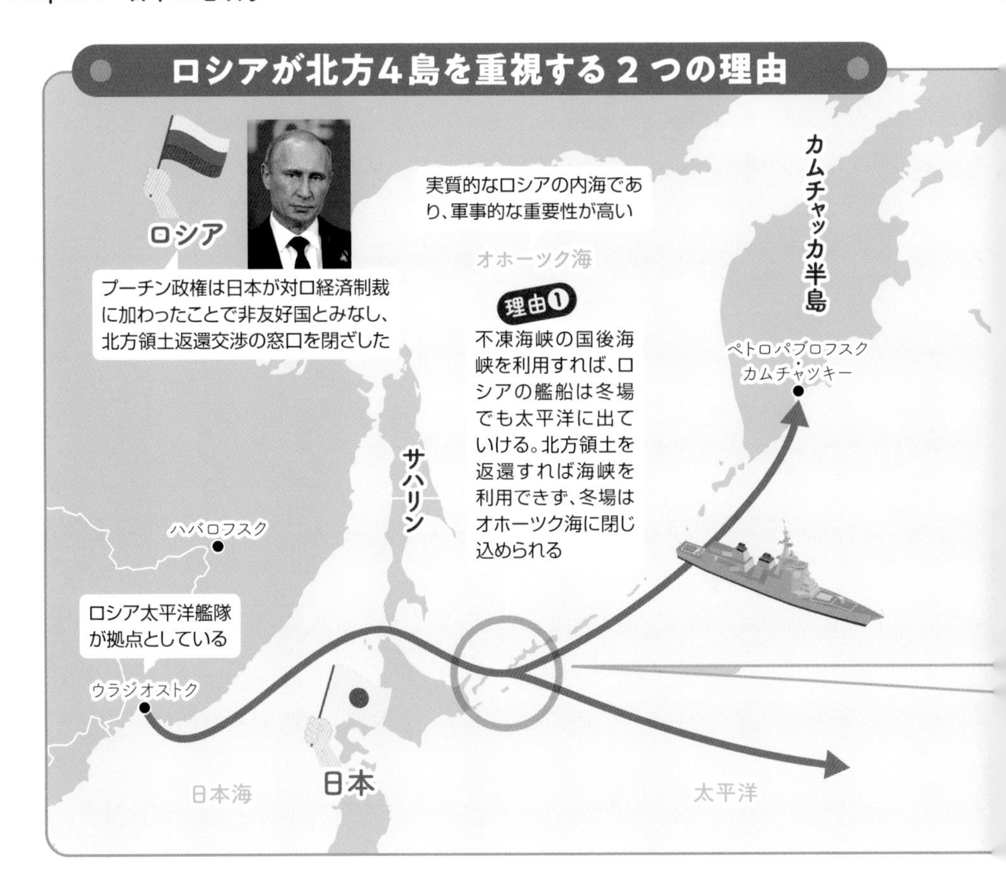

させた時期もありました。近年では、安倍晋三元首相がプーチン大統領との間で領土問題の解決と平和条約締結を具体的に話し合っています。しかしながら、実のところロシアには返還の意思などまるでなく、経済協力を引き出すための道具でしかなかったといわれています。

軍事的な重要度から手放せない

ロシアが返還要求に応じないのは、軍事的理由が大きいといえます。北方4島が日本に返還されれば、自国の軍事施設がある択捉島や国後島に、今度は米軍基地がつくられてしまうかもしれません。ロシアとすれば、容認できるはずのない事態です。

またウラジオストクを拠点とするロシア太平洋艦隊が冬場に太平洋に出るためには、択捉島と国後島の間にある不凍海峡の国後水道を抜けなければなりません。4島を失えば、冬の間はオホーツク海に閉じ込められることになります。

こうした地政学的メリット・デメリットを考えると、ロシアが日本に正当性があるという言い分だけで、返還に応じるはずはないのです。

日本の中東・中国依存問題

有事の際のリスクを考えておかないと、日本経済は大打撃を被る！

日本

要点解説！

日本経済は他国に依存することで成り立っています。しかし、中東や中国への依存度が高すぎるため、有事の際のリスクヘッジが懸念されています。

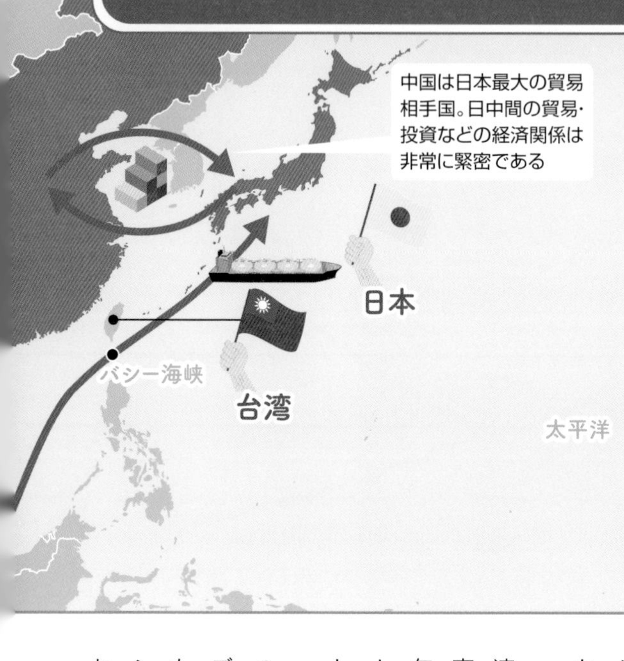

中国は日本最大の貿易相手国。日中間の貿易・投資などの経済関係は非常に緊密である
日本
台湾
バシー海峡
太平洋

中東依存は大きなリスク

日本は資源に恵まれた国ではありません。したがって海外からの輸入に頼ることになりますが、その際には地政学リスクへの対応が重要になってきます。

石油は中東のサウジアラビアやアラブ首長国連邦、クウェート、カタールなどへの依存度が高いです。2022年のウクライナ危機から半年ほど過ぎた頃には、ロシアからの輸入がストップした関係で石油の中東依存度が98％に達しました。

中東方面から日本へのシーレーンを進む場合、ペルシア湾とオマーン湾の間に位置するホルムズ海峡や、マレー半島とスマトラ島にはさまれたマラッカ海峡、台湾とフィリピンの間のバシー海峡などのチョークポイントを通過しなければなりません。中東情勢は常に不安定なので、

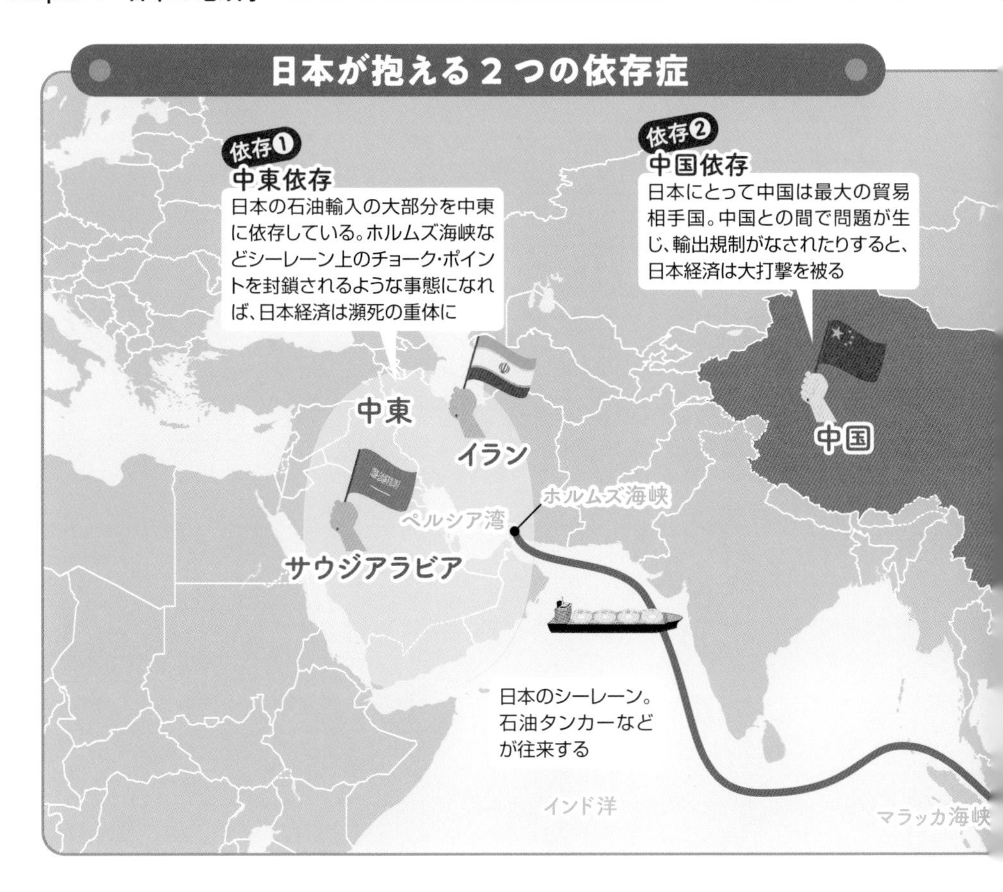

たとえばイラン絡みの紛争が起こり、ホルムズ海峡が封鎖されるような事態になれば、シーレーンが機能不全になります。

また台湾有事が現実のものとなれば、おそらくバシー海峡が封鎖されてしまうため、タンカーは迂回を強いられます。

こうしたリスクは常に想定しておかなければならないでしょう。

脱中国も課題のひとつ

中東依存だけでなく、中国依存の問題も見逃せません。

日本にとって中国は最大の貿易相手国であり、中国からの輸入に依存するモノは多岐にわたります。たとえば資源では、レアアース（希土類）が挙げられます。EV（電気自動車）のモーターなどに不可欠な戦略物資で、日本は国内使用量の約6割を中国に依存しています。

中国との間で問題が生じ、輸出規制される可能性も十分にあり得るので、輸入先を分散したり、南鳥島沖の深海底に眠る鉱床を開発したりして、脱中国を進める必要があります。

【監修者略歴】

祝田秀全（いわた しゅうぜん）

東京都出身。歴史学専攻。東京外国語大学アジア・アフリカ言語文化研究所研究員を経て、大学と予備校で講師を務める。主な著書・監修に『銀の世界史』（筑摩書房）、『歴史が面白くなる東大のディープな世界史』（KADOKAWA）、『エリア別だから流れがつながる 世界史』（朝日新聞出版）、『東大生が身につけている教養としての世界史』『ワケあって滅亡した帝国・王国』『建築から世界史を読む方法』（小社刊）など多数ある。趣味は古典落語鑑賞、コーヒー飲用。

【STAFF】

装丁・本文デザイン／柿沼みさと
本文 DTP／伊藤知広（美創）
編集／株式会社ロム・インターナショナル

ビジュアル版
一冊でつかむ地政学

2024 年 6 月 20 日　初版印刷
2024 年 6 月 30 日　初版発行

監　修	祝田秀全
発行者	小野寺優
発行所	株式会社河出書房新社 〒 162-8544 東京都新宿区東五軒町 2-13 電話 03-3404-1201（営業） 03-3404-8611（編集） https://www.kawade.co.jp/
印刷・製本	三松堂株式会社

Printed in Japan
ISBN978-4-309-62958-2